以色列大使马腾将军谈话录

吕新莉　编著

Conversation with General Matan Vilnai,
Ambassador of Israel to China

江苏人民出版社

以色列国总统

序

读者朋友们好!

在以色列国伟大的历史进程中,有许多卓越的人士将自己的一生奉献给了伟大的犹太民族和以色列人民,并在这一进程中成为了最杰出的代表。我的朋友马腾就是其中之一,他是犹太民族一位独特的具有影响力的优秀人物。

在以色列国,我们经常会引用诗人萨乌尔·切尔尼霍夫斯基(Shaul Tchernichovsky)的诗句"人是家园和地域的风景"。马腾的父亲泽夫·维尔纳伊(Zeev Vilnay)是一位学者,以色列奖的获得者。马腾继承了父亲的传统,他就是我们家园地域的风景。马腾的父亲是以色列土地上一位传奇的地理学家和历史学家,他熟知这片土地上的每一块岩石,每一座小山,每一个家庭和每一个社区。他的一生阅历丰富,充满传奇色彩,他本人就是真实的历史资源。

我父亲是阿拉伯语教授。我和马腾从小一起长大,住在一个街区。我们这些孩子早就知道,长大要建设我们的家园,建立我们的国家。

马腾比我小几岁,我们从儿童时代受到的教育就是为人民和家园奉献自己。

马腾一生都在为国家和人民服务,直到今天:他积极投入到以色列政治和决策层;出任以色列国驻华大使;他有荣耀的军旅生涯,参加了以色列国防军历史上许多重要的军事行动。

这本记录马腾历史的中文书非常重要,它不仅是对马腾做出的许多重大贡献的认可,也表达了对所有为国家和人民作出贡献人士的敬意,同时也使读者能够更全面地了解以色列国,以及我们这个国家是如何建设成为一个集知识、创新和精神为一体的家园。我相信,所有的读者都会喜欢这本书,因为通过它,我们可以更深层更直接地认识和理解马腾和他的伟大祖国以色列。

祝读者朋友们好!

以色列国总统 鲁文·里夫林

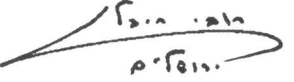

二〇一七年六月十五日

נשיא המדינה

ירושלים, י"ח בסיוון תשע"ז
12 ביוני 2017

שלום רב,

דמויות רבות זכו לפעול ולהשפיע על תולדות העם היהודי בכלל והעם בישראל בפרט, אך ידידי מתן וילנאי הוא דמות מרתקת, ייחודית ויוצאת דופן.

בישראל נהוג לצטט את המשורר שאול טשרניחובסקי שקבע "שהאדם הוא תבנית נוף מולדתו", מתן וילנאי, כנצר למסורת בית אביו – החוקר, חתן פרס ישראל זאב וילנאי – הוא תבנית נוף מולדתנו כולנו. יחד גדלנו, מתן ואני, בעיבוריה של אותה שכונה. שנינו, ילדים למשפחות שידעו כי אין ברירה אלא לגדול לתוך העשייה הישראלית – ישראל הארץ, ישראל המדינה.

אבי היה פרופסור לערבית ואילו אביו של מתן היה גיאוגרף והיסטוריון מגדולי חוקרי ההיסטוריה של ארץ ישראל אדם שהכיר בה כל אבן וכל גיא, כל בית וכל שכונה. איש מלא סיפורים ואגדות, אוצר היסטורי מהלך.

מתן וילנאי נולד כמה שנים אחרי וגדל לתוך תודעת שליחות איתנה למען עמו ומולדתו. שליחות שליוותה ומלווה אותו כל חייו: בשירותו הצבאי כלוחם ללא חת, עטור הילה וגבורה, בו נטל חלק ברבים מהמבצעים המהוללים ביותר בתולדות צבא ההגנה לישראל, בעשייה רבת השנים שלו בשדה הפוליטי והמדיני בישראל ובתפקידו האחרון כשגריר ישראל בסין.

הספר החשוב שנכתב על וילנאי, ובשפה הסינית דווקא, לא רק מוקיר את וילנאי ומכיר במעשיו הרבים והראויים, אלא משמש לוילנאי להכיר לכם בצורה עמוקה יותר ואישית יותר את מדינת ישראל ואת האופן בו בנתה את עצמה בשנים האחרונות כמעצמה של ידע, חדשנות, ותעוזה. אני בטוח שתהנו מקריאת הספר שיעזור לכם להכיר מקרוב ובצורה אינטימית לא רק את מתן וילנאי אלא את מדינת ישראל כולה.

בברכה,

ראובן (רובי) ריבלין
ירושלים

目录
Table of Contents

行走在"一带一路"上的以色列驻华大使马腾将军（代前言）
Foreword I by General Zhu Dongsheng 朱冬生
作者的话 Foreword II by Matan Vilnai

第一部分 军旅生涯
Part I Military Life Introduction

第一章 青年时期 (1944–1965)
Chapter 1 Early Years and Young Adulthood

- 独立战争　The Independence War　/004
- 新移民　New Immigrants to Israel　/005
- 我在耶路撒冷度过的儿时时光　My Childhood in Jerusalem　/007
- 军校　Military School　/012
- 服兵役　Military Service　/014
- 跳伞事故　Parachute Accident　/016
- 军官学校　Officers' School　/017
- 突击队训练　Commando Course　/018

- 最年轻的连长　Youngest Company Commander　/020
- 六日战争前的军事行动　Operations before the Six Day War　/021
  1. 戈兰高地　Golan Height　/021
  2. 约旦边境　The Jordanian Border　/022
     i 杰宁行动　Operation in Jenin　/022
     ii 卡科里亚行动　Kalkilya Operation　/025
     iii 狙击行动　Sniper Operation　/025
     iv 侦察阿拉伯联军军营　Reconnaissance of Arab Legion Battalion　/026
     v 萨姆瓦行动　Samua Operation　/026

第二章　作战经验丰富的年轻军官(1966-1970)
Chapter 2　Experienced Young Officer

- 六日战争　Six Day War　/032
- 西奈半岛　Sinai　/033
- 戈兰高地　Golan Height　/034
- 消耗战　Attrition War　/035
  i 苏伊士运河　Suez Canal　/035
  ii 特别部队的追踪行动　Land of Hot Pursuit as A Special Unit Commander　/035
  iii 发明电子围墙　Invent Electronic Fence　/037
  iv 贝都因士兵　Bedouin Soldiers　/038
  v 一些最好的军官牺牲了　Several Best Commanders Killed　/039
  vi 行动指挥官　Operational Officer　/040
  vii 卡拉米行动　Operation in Karameh　/041
  viii 黑色九月　Black September　/044

第三章　从上尉到将军（1970-1985）
Chapter 3　From Captain to General

- 指挥参谋学院　School of Command and Staff　/046
- 总参侦察营副队长　Second in Command of Sayeret Mitkal　/047
- 中央军区参谋长　Staff Officer in the Central Command　/048
- 预备旅最年轻的旅长　Youngest Commander of Reserved Brigade　/050
- 第一次进议会　First Time in Knesset　/052
- 常备旅旅长　Commander of A Regular Brigade　/053
- 恩德培救援行动　Entebbe Operation　/054
  - i 计划行动　Operation Planning　/055
  - ii 我成为副总指挥官　I Became the Second in Command of This Operation　/058
  - iii 起飞　Taking off　/059
  - iv 约尼·内塔尼亚胡　Yoni Netanyhu　/059
  - v 在恩德培机场降落　Landed in Entebbe Airport　/060
  - vi 军用信号灯　Army Lights　/061
  - vii 袭击　Raid Operation　/061
  - viii 内罗毕机场　At Nairobi Airport　/062
  - ix 返回以色列　Back to Israel　/063
- 军官学校校长和预备役旅长　Commander of Officers' School and Commander of Reserved Brigade　/064
  - i 建立新的编队　Build New Formation　/064
  - ii 老地雷炸了我的副官　Old Mine Killed My Deputy　/066
- 准将　1-Star General　/067
- 装甲课程　Armor Course　/068
- 哈佛大学　Harvard University　/070

第四章 少将 (1985–1998)
Chapter 4 Major General

- 人事部部长　Head of Manpower and Personnel　/072
- 给军官提供较好的条件　Better Conditions for Officers　/074
- 军事行动中的失踪人员　MIAs　/076
- 南方军区司令　Commander of the Southern Command　/078
- 与约旦和谈　Peace Ceremony with Jordan　/080
- 佩特拉　Petra　/082
- 副总参谋长　Second in Command　/083
- 拉宾的葬礼　Rabin's Funeral　/085
- 下一任总参谋长　Next Chief of Staff　/089

附录 Appendix

1 加沙 Gaza
- 六日战争前的加沙　Gaza before the Six Day War　/092
- 六日战争后到第一次阿拉伯起义　After the Six Day War till the First Intifada　/093
- 从暴动到奥斯陆协议　From the Intifada to Oslo　/094
- 奥斯陆协议与兵力再部署　Oslo Accord and the Redeployment　/095
- 从加沙撤军　Withdrawal from Gaza　/097
- 撤军之后的加沙　Gaza after Withdrawal　/102

2 黎巴嫩 Lebanon
- 背景　Background　/105

- 六日战争前的黎巴嫩边界　Lebanon Border before Six Day War　/106
- 卡夫拉行动　Kafra Operation　/107
- 贝鲁特"市长"　"Mayor" of Beirut　/110

3　纳格·哈马地军事行动　Nagh Hamadi Operation
- 战斗环境　The Combat Arena　/117
- 准备任务小组　Preparing the Force for the Mission　/118
- 特别任务小组面临的技术问题　Technical Issues Facing the Force　/119
- 接受任务和战斗步骤　Receipt of the Mission and Battle Procedure　/120
- 运送马腾队伍至目的地　Flying the Force under Vilnai to the Target　/122
- 徒步前往目的地　Moving on Foot to the Target　/125
- 准备炸毁目标　Preparing the Target for Detonation　/126
- 炸掉变电站　Detonating the Transformers and Ending the Mission　/129
- 总结马腾指挥下的战斗　Summing up the Battle under Vilnai's Command　/131

第二部分　从政之路
Part II　Politics

第五章　从政之路 (1998–2012)
Chapter 5　Politics
- 公立学校消除暴力公共委员会主席　Chairman of Public Committee for Reduction of Violence in Public Schools　/136
- 加入工党　Join the Labour Party　/137
- 特别法　Special Laws　/139
  1. 电影业特别法　For Film Industry　/139

2. 寡妇特别法　For Widows　/141
   3. 预备役士兵特别法　For Reserved Soldiers　/142
- 阿拉伯村庄骚乱　Riots in An Israeli Arab Minority　/144
- 国防部副部长　Deputy Minister of Defense　/146
- 制定指导思想　Build up Doctrines　/148
- 全国范围内的演习　National Drill　/150
- 阿什杜德市　Ashdod　/150
- 国土安全部部长　Minister of Home Front Defense　/151

第六章　驻华大使（2012—2016）
Chapter 6　Ambassador

- 被任命为驻华大使　Appointed as Ambassador to China　/156
- 北京的生活　Life in Beijing　/159
- 使馆的工作　Work in the Embassy　/164
- 访问地方省市　Visiting Provinces　/166
- 中国学生和中国青年　Chinese Students and Young People　/168
- 荣誉教授　Honorary Professorship　/172
- 推进旅游业　Tourism　/172
- 海南航空公司　Hainan Airlines　/174
- 公共外交　Public Diplomacy　/175
- 总理访华　Visit of the Prime Minister and Establishing of A Task Force　/177
   1. 水城　Water City　/177
   2. 奶牛场　Dairy Farm　/178
   3. 橄榄油　Olive Oil　/179

4. 青年代表团　Youth Delegation to Israel　/179
■ 新领馆和更多外交官　New Consulate and More Diplomats　/181
■ 两国贸易关系　Trade Relations　/182
■ 加入亚投行和"一带一路"　AIIB and the Belt and Road　/184
■ 私人旅行　Private Trips　/186

马腾将军简历 CV of Matan Vilnai　/189

后记　/191

行走在"一带一路"上的以色列驻华大使马腾将军
（代前言）

朱冬生

为给本书写导言，近三个月我曾7次拜访以色列驻华大使马腾将军。两个不同国度的军人，语言不通，能相见多次，皆因我们都是军人。军人相处自有军人的语言，而这种语言是出自于军人的本能。我跟将军大使有着差不多的军龄，都有着数十年的军旅人生。我们的每一次交谈，无论是对事件过程作详尽的描述，还是对人生感悟做精彩的回顾，都有着共同的语言，都有着对对方军旅人生的仰慕。

我和大使的相识纯属偶然。大使的翻译吕新莉女士，编著了大使口述传记作品，拟在中国出版。大使的人生经历，军事生涯为主，无论是参加战争，指挥部队，还是在国会当议员，内阁任部长，在他熟悉的领域里，都能得心应手。唯有出书，需要找一个有影响的出版社和一位资深的编辑，大使最终选择了凤凰出版传媒集团，并由唐爱萍和我共同承担本书的责任编辑。

第一次见面，是2016年7月4日以色列大使馆举办的"恩德培解救人质行动40周年"招待会。首次见面，大使即非常

以色列大使马腾将军谈话录
Conversation with General Matan Vilnai, Ambassador of Israel to China

郑重地拜托我们帮助他编好这部书。

我对这位将军大使未曾相见之前就有着许多年的了解。2006年我策划主编《世界经典战例》丛书，即考虑到世界许多军事院校都曾研究过的，并使马腾一战成名的"恩德培解救人质行动"，作为"特种作战"的一个经典案例收入我的书中。10年后我将这套丛书送大使的时候，他十分高兴。中国的军队收录了他的战争经历并作为经典案例进行研究，这当然是他倍感自豪的一件事。

这个著名战例发生于1976年7月3日，马腾与以色列现任总理内塔尼亚胡的哥哥约尼·内塔尼亚胡中校一起，率领280名突击队员，乘坐4架大力神运输机和一架医疗救护机，长途飞行4000公里，奔赴乌干达的恩德培。在53分钟战斗行动内，仅以牺牲一人的代价，击毙了劫机犯，炸毁了11架乌军飞机，打死守卫士兵45人，成功解救了105名以色列人质。以色列以极小的代价，取得了重大的胜利。在这次战斗行动中内塔尼亚胡中校牺牲了。至此，内塔尼亚胡、马腾和整个突击队成了以色列人民心目中的英雄。

我对这本写大使的书感兴趣，不仅仅是感兴趣大使的传奇经历，更重要的是出于感谢一位外国驻华大使对中国国家主席习近平作出的"一带一路"倡议的深刻理解和自觉支持。我同时感谢，将军在出任大使期间，为推进中以两国人民的友好，相互之间的经贸往来，并为推进习主席"一带一路"倡议在以色列的落地做了大量卓有成效的工作。

这部书反映了大使一生的各个历史阶段，并有专门的章节较为详细地介绍了大使为了解、研究、实施习主席"一带一路"战略所经历的过程。在每次拜访中，我都着重地了解大使对实施这一战略过程所做的工作。

大使是个非常敏锐的政治家，他对"一带一路"战略有着深刻的判断和分析。他认为在世界经济处于低迷的状态下，"一带一路"倡议的提出，为提振世界经济开辟了一条金光大道。"金光大道"是我听取翻译之后意译过来的用词。大使对"一带一路"的评价,用了"五彩路"、"闪闪发光的通道"、"走向理想王国的坦途"等以色列人能够理解的语汇,大使对我的用词表示赞同。他说,中国经济的崛起是人类历史上一个独特的现象。从来没有任何一个国家像中国一样经历过如此快速而深刻的巨变。中国的成就有目共睹,中国经济增长给世界带来了希望。

大使非常看重中国在21世纪的世界所发挥的作用,他认为以中两国在科技等领域的合作大有可为。这已经成为今天以色列朝野的共识。大使表示,以色列看好中国政府丝绸之路经济带和21世纪海上丝绸之路的两大规划,因为这两大规划可以帮助世界上各个经济体、各种肤色人种和不同社会制度国家架起联系的桥梁,而以色列希望自己能够参与其中并发挥建设性作用。

大使说,"一带一路"倡议是中国国家主席习近平2013年提出来的。三年时间过去了,中国在落实"一带一路"倡议中做了许多工作,譬如在金融领域,中国主导建立了亚投行,还设立了一个特别的基金,即丝路基金。中国还努力在所有"一带一路"参与方中塑造共识,并在"一带一路"区域提供了许多落地的好项目。

大使认为以色列在"一带一路"的框架下,可以成为"一带一路"框架体系内的重要组成部分,可以做很多的事情。

大使说,随着"一带一路"倡议的实施,中国政府在"一带一路"区域内有许多大手笔的投入。大使是个军人,也是一位精明的经济学家。他深信中国对世界的巨大投入,对于以色列来说,将是一个绝好的良机,以色列绝不能滞后于世界。所以大使反复强调中东是丝绸之路经济带的重要区域,中国和以色列有很多工作可以做。虽然这个地区长年动荡不安,有着很大的风险。但这与中国无关,就看我们以色列人能不能把握住这一商机。大使说,以色列面临着这样好的机会,绝不能放弃。我们有我们的竞

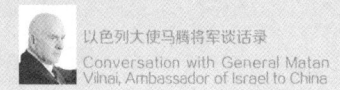

争优势，其中科技就是一个非常重要的平台。大使不无自豪地对我们说，我们以色列的公司很棒，我们以色列人也很棒，我们拥有世界上最好的科技，潜力是无限的。所以，我们能够参与到丝绸之路经济带以及21世纪海上丝绸之路的很多项目中。

大使谈到他对中国"一带一路"倡议的理解时告诉我，他一方面在推进这个战略决策在以色列的进展，一方面也在不断地作深入的思考。他认为，中国目前正处于创新发展阶段，整个中国都充满了创新的氛围。大使说：我去过中国的很多地方，并和哈尔滨、海口、新疆等地的大学生面对面作过交流，我发现他们充分了解创新的含义，都能够理解创新的重要性，都积极的想办法把理想变为现实。

大使说，在推动创新方面，政府应该意识到青年人的重要性和带头作用，这一点至关重要，中国政府做得非常好。

大使指出，中国领导人注重创新。中国国务院总理李克强亲口表示创新将成为中国经济的引擎。以色列作为创业的国度，在此方面也深有同感。由于艰苦的地理条件和复杂的政治现实，以色列一直努力打破常规，以创新思维去思考。尽管中国和以色列在面积和地理条件上差别很大，但彼此关于家庭和睦、重视教育、勤劳敬业等传统价值观等方面是相同的。

大使告诉我们，2013年5月，以中两国总理内塔尼亚胡、李克强举行了会晤，随后设立了一个特别委员会。2014年，以色列的外交部长与刘延东副总理举行会晤，两国政府又设立了一个创新委员会。这些新的机制都是服务于"一带一路"的。

大使向我们介绍，中以经济合作执行委员会由中国国家发展改革委和以色列总理办公室负责。委员会的目标是加强两国经济在高科技、农业和能源等领域的合作。在这一框架下，中国各地都有以色列专家，在多领域使用以色列的先进技术。

大使说，以色列和中国可以合作的领域太多了。以中合作最重要的就是研发领域。截至目前，以色列同中国的一些省政府或部委签署了一系列的研发协议。今后每年，两国都要签署十几个合作协议。大使告诉我们，中国的经济对以色列来说非常重要。

这么多年来，在大使的推动下，以色列与中国不少省市建立了许多共同的研发创新中心，与中国的不少省份签定了各种研发协议，其中研发协议签订最多的是江苏和山东。

大使经常说，以色列驻华大使馆，就是连通中国和以色列的一座桥梁。我们共同举办的首届中以科技创新投资大会，我将它称作是这座桥梁的一个支柱。在帮助以色列人了解中国、中国人了解以色列方面，大使馆有义务提出建议，虽然这项工作并不容易，但我们必须有足够的耐心来做好这项工作。

大使告诉我们，他到任之后，不断调整大使馆的工作方式，积极寻找合作机会，把以色列的企业、商务、学术带到中国来，为以色列引荐合适的合作对象，创造良好的合作氛围。

大使说，我的愿望是在两国之间建立全方位的战略合作机制。中以两国外交部就此进行了许多有益的会谈并建立了诸多的相关机制。2014年以色列在成都开设了领事馆，主要覆盖中国西南部地区——四川、重庆、云南和贵州。新领事馆将加强以色列同中国西部地区的联系，加深以色列对中国西部地区在中国经济发展中的重要作用的了解，提升高科技、贸易、农业、文化、学术和旅游合作关系，并提供领事服务。

大使告诉我们，以色列企业家会不断地来到中国，因为他们知道在中国做生意意味着可以得到实实在在的好处。最重要的是了解彼此，特别是了解对方不了解的地方。我们必须研究对方，必须有耐心倾听对方的意见，然后才能取得共识。

以色列大使马腾将军谈话录
Conversation with General Matan Vilnai, Ambassador of Israel to China

　　以色列在农业优良品种培育和设施农业建设方面，都处于世界领先地位，有着完善的农业科研开发、技术推广和服务体系。大使认为，对中国来说，农业是最重要的。农业也是以色列和中国之间非常重要的一个课题。以色列有世界上最好的农业技术，我们还在不断发展。我们有必要推动两国在这个领域的合作。

　　大使说，以色列农业与福建农业情况相似，人多地少，适宜发展精致农业。以色列设施农业不仅仅是大棚，不仅仅是生产，更包含着品种、装备、控制、基质、机械、生产、包装、销售、订单、管理等系统工程。为此，在大使的全力推动下，在福建建立了中以示范农场。这个农场在温室大棚、自动化养殖、生产性控制、农超对接等方面总结管理经验，为中国发展现代农业提供经验。

　　中以示范农场签约之日，大使和以色列驻广州总领事安亚杰(Mr.Yaacov Avrahamy)一行，一起到福建省农业科学院海峡现代农业博览园，考察中以示范农场的基础建设进展，探讨进一步加强中以在农业、经贸、科技等领域的合作。大使对中以示范农场建设有序推进表示满意，并表示将进一步加强以中在农业、经贸、科技等多领域的合作。

　　由于大使的努力，以色列在更多领域加强了跟中国的合作关系。以色列总理内塔尼亚胡访华时曾与李克强总理达成共识。中方寻找合作城市，以色列提供技术，使馆积极推动这一合作的进展。目前在山东水城寿光就确定了12个合作项目，2016年11月份以色列一家公司将到寿光签署前3个合作项目。大使告诉我们，对于中以合作的这些项目，中以两国政府都非常重视。两国政府总理会谈时，原定40分钟，结果谈了80多分钟。

　　黑龙江大庆的乳业农场，全部使用以色列的工程技术，该农场将成为以色列在中国其它省市推进乳业合作项目的样板。

　　此前，中以双方已就大田作物和温室作物精准施肥自动化技术项目合作进行协商，并签订合作备忘录。双方还就奶牛牧群管理及挤奶点监测升级改造达成意向、蛋鸡自动化养殖项目签署了合作备忘录。

　　大使十分在意以色列对中国的出口。中以两国贸易数额逐年增加，以色列对中国的出口，2012年是27亿美元，由于经济不景气，2013年以色列对世界各国的出口都呈下降趋势，唯有对中国的出口在增加，2015年增加到33亿。这个数额虽然不高，但跟其它各国的出口持续下降比，却是在不断增加。

　　以色列对中国最新出口项目是新鲜农产品，刚刚启动。大使告诉我们，以前以色列的新鲜农产品都是出口欧洲和俄罗斯，现在以色列要把中国变成新鲜农产品出口的第一市场。

　　大使说，目前中以两国自由贸易区协定的工作正在进行中，2016年9月以色列的一个重要的代表团到访了中国，商讨此事，大使期望明年可以签署此协定。

　　2016年国务院总理李克强两会期间在政府工作报告中提到，要推动中国与以色列自贸区谈判。这让当时正在大会旁听的马腾大使十分兴奋，他连声说："这太少见了，太难得了！"

　　大使认为，建立中国—以色列自贸区，对以色列非常有意义。诸多关税将降低甚至免除，商品能够更加自由地流通，以色列民众将买到更多物美价廉的中国商品，生活成本也会大大降低。大使表示以色列位于地中海的东海岸，连接亚欧非三大陆，本来就是中国"一带一路"战略构想的组成部分，随着中以自贸区的建立，凭借中国经济建设强劲发展的势头，可以把以色列的社会经济推向更好的阶段。

　　大使也很关注中国对以色列的投资。大使表示大使馆将创造有利的氛围和开展主动的联系，推动这项工作的开展。大使是个实在的人，他说，在市场经济条件下，上什么样的合作项目，完全由企业自主决定。大使

以色列大使马腾将军谈话录
Conversation with General Matan Vilnai, Ambassador of Israel to China

说，我们大使馆的职责不是做生意，但大使馆必须要为中国投资者到以色列提供一切方便，要创造投资的氛围，打开投资的大门，破除投资者碰到的路障。说到这儿的时候，我对大使说，破障是军事术语，而您用到投资上了。大使说，我们都是军人，您懂的。

　　大使对中国各省市自治区的社会经济比较熟悉，尤其关注江苏的建设和发展。大使多次到江苏考察，南京、苏州、常州、徐州，到过江苏不少地方。他说，江苏是个历史悠久的省份，江苏人智慧勤劳，各级政府官员都勤奋敬业，有思想，有魄力。在南京的时候，大使还专门到南京大屠杀纪念馆参观，给他留下了很深的印象。大使说，以色列国家虽小，但在二战期间也有600万人遭受了德国法西斯的屠杀，我们也有一座德军大屠杀纪念馆。中以两国人民把日德法西斯的罪行公布于世，这是对二战胜利成果的坚定捍卫。

　　大使说，江苏是个美丽的省份，山美，水美，人也美，各级政府对于习近平主席要关心爱护环境的指示贯彻得非常认真。

　　大使在任期内，促成了中以两国数百项经济合作项目，江苏是比较多的省份，其中的常州创新园是大使最为满意的项目。2016年9月20日，大使到常州考察中以常州创新园，考察中以两国共建园区建设发展情况，并参观调研了园区内的乐康瑞德（常州）有限公司、C13孵化器、福隆控股集团、征图新视（江苏）有限公司等多家以色列企业和中以合作项目，并与园区企业家代表座谈。他要求以色列在中国的人员要不断努力，为中以两国的经济文化交流做出更多的贡献。大使说，常州中以创新园给他留下了非常深刻的印象，这是一个中以合作的最佳模式之一。

　　大使还告诉我们，他对使馆工作提出一个具体的目标要求，通过交流做工作，最初他希望一个月有一个中国代表团访问以色列，一年至少就可以有12个代表团到以色列考察了解。可是现在访问以色列的中国代表团每周就能达到12个。对应的,以色列也要派代表团来中国,代表团中年轻人要居多。通过这样的交流,代表团的每一个成员都是"大使",这样就比我一个大使开展工作要容易得多了。

大使还非常关注中国和以色列的旅游事业。旅游业也是以色列看好的两国合作的潜力领域。"神秘的耶路撒冷,充满活力的特拉维夫,美丽的沙滩和迷人的沙漠,以色列翘首期盼着被发现。"大使用充满诗意的语言向我们描述。在大使的推动下,2012年中国到以色列的旅游人数为1.5万人,2016年已经达到7万人,是大使到任之初的4倍多。大使说,2019年中国到以色列旅游人数将增加到10万,我把这个目标当作军事行动来操作,国家旅游部正在努力实施。我告诉旅游部长,要把中国旅游者来旅游的事,当成一件可以振兴以色列经济的大事来抓。

大使深知,要想推动旅游业的发展,有两大问题需要解决:

一是签证。现在以色列大使馆办理签证的时间,已经从过去的10个工作日,减少到现在的5个工作日,公务护照和外交护照已经实行了免签,从2016年的11月11日将开始实行两国10年的免签证。

二是直飞航班。在大使的努力下,以色列航空也已经从以前的一周三班,增加到2016年4月29日开通的中国海航一周三班。目前一周六天都有北京直飞特拉维夫的航班,因为以色列宗教习俗的原因,星期六没有。大使认为,以色列未来旅游业的发展主要是面向中国游客。

谈到旅游,我就想到了吃。因为吃,我觉得大使是个非常节俭的人。我不太了解像他这样曾经担任过副总参谋长、国防部副部长、国会议员、内阁部长的高级领导人有多少收入。8月12日,凤凰出版传媒集团的徐海和府建明两位领导就编辑出版写作大使的书在以色列大使馆有一个签约仪式。活动结束后的午餐是在一家西餐店,大家自己点菜,他和他的夫人一样,只要了一盘沙拉,一份意大利面,点的都是最便宜的,吃得很香,最

以色列大使马腾将军谈话录
Conversation with General Matan Vilnai, Ambassador of Israel to China

后连盘中的一点面包屑都沾上果酱吃得光光的。而我不懂西餐，当然就点贵了，还没吃饱。

大使是个有远见的政治家，他把中以两国人民友好的基础定位在年轻的一代上，把中以两国的学术交流视为两国友好往来的基础。2012年中国到以色列的留学生不到100名，在大使全力推动下，目前人数已达到1000名。大使表示，今后还将有更多的中国学生去以色列留学。大使说，经过多年的努力，为了鼓励青年学子的留学，中以两国政府都设立了奖学金，以色列高教委和各大学也有奖学金。以色列的每所大学都有一个人专门负责中国留学生的事。这几年，以色列各个大学的校长差不多都来过中国，并与中国的许多大学确定了各种各样的合作项目。其中最有影响的是以色列理工学院在汕头大学建立的分校，特拉维夫大学跟清华大学建立的科技创新中心。大使计划未来还将在中国的20个院校设立研究中心。

对大使的多次拜访，使我们知道了大使的工作很忙，每天的外事活动排得满满的，时间掐得非常准，唯有对我们是特例，几次见面秘书都会提醒他下一拨客人在等着，大使都非常委婉地对秘书讲，让他们稍等。我们不提议，大使从没主动终止我们的谈话。

大使是个充满爱的人，爱自己的国家，爱自己的军队，更爱自己的家庭。我们有两次来访，见到了他的家人。孩子们一见到来客就会离去，此时，大使都轻轻地抚摸着孙子、孙女们的脑袋，连声说对不起。大使夫人安娜女士是一位律师，很显年轻，气质优雅，充满活力。她能用简单的中文和我们交谈。当安娜女士和我们用中文交流时，马腾将军一句也听不懂。但是当我们说"大使夫人"时，他会得意地用生硬的中文重复一声"大使夫人"，脸上漾起孩童一般的笑容。他很高兴客人赞美他的夫人，见面中夫人一旦先行离开，他们都不忘亲吻对方，让我们感到很温馨。马腾将军曾开玩笑地说过，他是一名军人，这辈子谁都不怕，就怕他的夫人。

大使在与我们的交谈中，多次谈及自己的军旅生涯。他对我们说，我参加过许多的战争，始终在前线，在战斗中多次负伤。到任中国后，他经常对他的同事们说，我的工作目标是让中国与以色列成为最好的朋友。

大使身材魁梧，一米八的身材，腰杆子笔直，像年轻的军人一样，威武挺拔。岁月似乎没有在他身上留下多少痕迹，看起来精力充沛，身强力壮。每一次见面，都是近两个小时的谈话，心平气缓，威严中自有年长军人的风度。大使看过我的几本著作，对我的经历十分欣赏。他不止一次地对我说："Mr.zhu，语气和手势完全是一个将军，干脆利索！"我不知道他对我著作中穿将军服而无将军衔的照片是否留意，不过相信他对中国军官制度也有着相应的理解。我对大使也有着一种饱经沧桑的老兵之间那种惺惺相惜之意。

大使在他的谈话中，时时会流露出他对他的国家的忠诚和对自己民族的自豪。他对中国人民解放军也是十分敬佩的，谈到他去江西、福建，他就会说起中国工农红军的诞生；谈到去山西，他能就会说起八路军和百团大战；谈到去陕西和中国的西北地区，他就会说起延安根据地对于中国革命的巨大作用和影响；谈到去江苏，他就会说起新四军的抗日游击战争。

我佩服大使的精力和体力，4年来他差不多走遍了中国的山山水水，我粗略统计，他在任期内一百多次出行，到过中国的所有省市自治区，与中国数百个工厂、企业、农场、牧场、水产养殖场的有关人士进行过交流，洽谈定型项目一百多个。

大使谈到所做的这些工作时说，我看过斯诺英文版的《西行漫记》，也看过有关中国红军长征的英文书籍。回国的时候，以色列的很多年轻人都想知道中国的长征。我就是要用长征的精神走遍中国，长征2万五千里，而我天上地下，走了10万多里，差不多有5次长征路。作为以色列驻中国的大使，自然也应该用长征的精神，推动中以两国人民的友好，推动中以两国的经贸往来，推动中国国家主席习近平"一带一路"的战略在以色列的落地生根。听到这里，我们所有的人都被深深地感动了。

大使在4年任期内，到中国各地走了那么多地方，看了那么多的企业，做了那么多的实际工作，毕竟是七十多岁的人，非常了不起。在一次拜访结束时，我对大使说，您是用军人的精神在干大使的事业。您把大使馆当成了一个指挥部，指挥着中以两国人民的友好往来。很多的年轻人都不可能在很短的时间之内，跑这么多的地方，做出了这么多的事情，您太了不起了！只有当过将军的大使才能做得到，而且必须是一个实战经验丰富的将军才能做得到。别人做不到的，您做到了，您是以色列人民的骄傲，您也是军人的骄傲！

听了我的这些话，大使哈哈大笑，连声说："谢谢！谢谢！"大使的秘书是一位漂亮的中国姑娘，她对我们说，大使每次见到你们都特别开心，唯有你们来的时候，他才这样大声地说笑。

藉以本文，作为本书的代前言。

代前言

朱冬生，曾任解放军出版社社长。江苏盐城人。1968年入伍。长期从事党史军史研究工作，编辑了徐向前元帅回忆录《历史的回顾》，创办了《解放军生活》杂志。领导拍摄了电视系列片《延伸的长城》、参与起草了《中华人民共和国预备役军官法》、编撰了《中国人民解放军政治工作》。组织领导了《论国防和军队建设》等6000多种图书教材的编辑出版发行工作。著有《东西方人居环境比较美学——欧洲·杭州·苏州》、《论日本军国主义的侵略战争》等著作。主编的《世界经典战例》丛书，2010年曾得到胡锦涛同志的重要批示。获得国务院政府特殊津贴等多种荣誉。（本照片为朱冬生2011年配发将军服所照）

以色列大使马腾将军谈话录
Conversation with General Matan Vilnai, Ambassador of Israel to China

作者的话

缘起

编写这本书的灵感来自于使馆前同事安娜女士不经意间说出的一句话。一次我们一起陪同马腾大使外出开会，那时马腾大使刚来中国工作不久，因为之前没有做过职业外交官，还在熟悉工作阶段。这次开会是见中国一家重要报纸的领导。会见时，这位领导滔滔不绝地向马腾大使介绍他们报业集团，整整讲了一个多小时，外加翻译。这么冗长的介绍，让初来乍到的马腾将军听得云里雾里，更不用说插话谈谈自己了。回来的路上，安娜说，马腾大使肯定有很多有意思的故事，只是没有机会向别人讲出来。我牢牢记住了这句话，也期待着有机会多多了解马腾大使的故事。

感恩

我在以色列使馆工作了8年，在马腾大使身边工作了近3年，对大使的第一印象是神秘，军人的作风，时间观念极强，工作都要按时间规划好。他是以色列的国家英雄，是闻名世界的恩德培军事救援行动的副总指挥官，是一位部长，一位高官。第二印象，慈祥，对待我像长辈一样。去年夏天我父亲病重住院，我每天要在医院照顾他，不能继续在使馆工作。大使对我的处境非常同情，也充分理解我要尽孝心，还为我争取到了一笔数目不小的补偿金，这在使馆的中国员工里是史无前例的。我编写这本书的目的，就是要让更多的

中国人了解这位以色列的传奇英雄,同时也是想为他做点事,以回报他这几年对我的关心和照顾。

编写一本真实的以色列人的故事书

这是一个真实的以色列人的故事,通过主人公马腾大使的个人经历,读者不仅可以了解现代以色列国的发展史,还可以学习到以色列的文化和传统,更重要的是揭开马腾大使神秘的面纱,通过他了解以色列军人的奉献精神,以色列政府的务实精神,以及以色列外交官近年来为推动中以两国关系而取得的辉煌成就。

近年来中国不断出现以色列热,越来越多的中国人渴望了解以色列。图书市场上也有大量的介绍以色列的书。我以前在使馆工作的时候,曾经异想天开地想统计一下市场上到底有多少本有关以色列和犹太人的书,从网上搜一下,就看到不下300-400本。可是这些书籍的质量参差不齐。很多投机家,以营利为目的,东凑西拼,出版了很多有关以色列的书,被特拉维夫大学的张平教授批为"伪书"。真正想了解以色列和犹太文化的读者,还是要选择严肃的出版社出版的有关以色列的书籍。我至今手边都放着一本中国社科院黄陵渝老师编写、社科院研究生教材《犹太教》,作为我学习和了解犹太教及犹太文化传统的宝典。我编写这本书,也是希望能够为中国读者了解真实的以色列提供一些帮助。

中国的以色列热

中国出现的以色列热有历史原因,也有当代的原因。每年的以色列使馆独立日招待会上,每一任大使都会说到的一句话就是,以色列永远不会忘记中国人民在犹太人最黑暗的时候向他们伸出的援助之手。他们指的是二战期间,上海收留了几万犹太人。民国时期的外交官何凤山先生在维也纳为犹太人签发中国签证，使得几千个家庭能够逃离纳粹的大屠杀，离开欧洲，来到上海。还有更早一些时间，从俄罗斯到哈尔滨和天津的犹太人，他们为当地的发展做出了重大的贡献。比如哈尔滨的不少医院、银行、饭店、学校等等，过去都是犹太人建的。人们谈到中以两国人民的友好，还会说起开封在宋朝就出现的犹太人，他们经过一代代的繁衍，已经完全融合在中国社会里了。以色列人感激中国，一是中国过去收留了犹太人，二是犹太人在中国没有受到迫害。不像在其他一些国家，犹太人经常不是受到驱逐，就是受到迫害，甚至被屠杀。中国对犹太人永远是一个友好的国家。

1949年之后，以色列是中东地区第一个承认新中国的国家。由于政治原因，两国于1992年才建立外交关系。马腾大使是以色列第7任驻华大使。延续老传统，每年1月24日中以两国建交日，他都会在这一天举行庆祝活动，邀请中国驻以色列的老大使们欢聚一堂，回顾历史，展望未来。马腾大使最喜欢说的一句犹太谚语是：如果你不知道你的历史，不知道自己从哪里来，那么你也不知道你的发展方向。这与孔子的"温故而知新"不谋而合。

马腾大使在华4年，两国之间的合作成果喜人，这也促使中国人近年来对以色列益发崇敬。越来越多的中国人了解到，以色列是世界经济强国，以色列的科技发达，以色列有许多了不起的发明创造，以色列（犹太人）是世界上获诺贝尔奖最多的民族。中国的许多干旱地区更是普遍使用以色列发明的滴灌技术。中国的许多城市也是争先恐后地要建立以色列工业园，把以色列技术引进到中国来。中国企业对以色列的大手笔投资，从中国化工收购一家以色列化工厂开始，近年又见到光明乳业的收购，复星集团的收购，又闻言许多大型企业要在以色列建立研发中心，这些都是引发中国以色

列热的因素。大使讲到,他刚到中国时,给使馆定的目标是每个月有一个中国代表团访问以色列,这样一年就有12个代表团。可是现在,大使说,每个星期就有12个代表团去以色列,还有许多没有通报使馆的中国代表团。可见以色列热遍中国大江南北。

马腾其人

马腾大使是一个书写以色列历史的人物,36年军旅生涯,12年部长,4年驻华大使,他创造了许多以色列第一:以色列国防军史上最年轻的连长、旅长、准将;作为以色列将军,第一个与埃及将军商讨加沙撤军,第一个与约旦将军进行和谈,创建预备役装甲营,建立贝都因士兵旅。他与以色列周边所有国家的民族都打过交道,埃及人、巴勒斯坦人、约旦人、叙利亚人、黎巴嫩人、贝都因人、德鲁兹人。他为以色列的阿拉伯人制定了一个"马腾计划",他创建并完善了以色列国内安全防范体制。他是第一个当文化部长的将军,是以色列国土安全部第一任部长,也是第一个担任驻华大使的退役将军和部长。在他担任驻华大使期间,两国成立联合经济工作小组,以色列加入亚投行,中国海航开通直飞以色列航线,以色列内政部改变对华签证制度。2016年11月11日,以色列正式签发10年往返签证,成为第三个与中国签署10年往返签证的国家,另外两个是美国和加拿大。所有这一切,没有马腾大使的推动,是不可能实现的。

马腾大使不仅是以色列国家的英雄,还是一个大好人。他喜欢对要去访问以色列的中国客人说:在以色列,每个人都认识我。你见到他们,替我问好。记得今年6月,我从西安回北京的高铁上,旁边坐了一对从以色列来中国旅游的中年夫妇。他们向我介绍说他们是信教家庭,那位妻子头上一直戴着一顶看起来很厚的帽子，她先生热得脱了帽子，她一直在提醒她先生戴上帽子。当时我忽然有了一个想法，就是想测试一下，看看马腾大使说的话对不对，是不是这对以色列夫妇也认识马腾。答案是肯定的，他们异口同声地回答我，他们当然知道马腾，而且他人很好。从马腾大使跟我讲述的故事里，就能看出他确实是一个好人。他在以色列担任部长时，就曾为不同的特殊群体争取利益，为他们通过特别法，以保护他们的切身利益。

记得他以前跟我提起过，他对自己的部下都很好。中国驻以色列使馆向他抱怨说，为什么他的以色列朋友办签证不直接找中国使馆，而都是大老远打电话给北京的马腾大使，让他帮忙办中国签证。我听后，开玩笑说：大使，我以后在中国有什么问题，也打电话到以色列找您帮忙。有一次我看到他把用过的以色列信封扔到垃圾筐里，我说上边有以色列邮票啊，他马上问我：你喜欢邮票？我点头之后，他把上边的邮票撕下来给我。从此之后，我的桌子上就经常能发现他留给我的邮票。一个曾经叱咤风云、冲锋陷阵的军人，能如此细心，真的让人感喟。有一次他让我寄一封信给以色列，跟我开玩笑说：这个信封上的邮票你不能撕哦！

这个大好人有着惊人的记忆力。马腾大使已经70多岁了，按中国人的说法，已经是"古稀之年"，而我比他小20多岁，可是，几年前，甚至几天前发生的事，我有时候都记不起来了。马腾大使就不同了，甚至五六十年前发生的事情，他都能记得清清楚楚，几月几日，有的甚至是一天的哪个时段，他都能向我说得很具体。有时候我简直不敢相信自己所听到的，怀疑他怎么可能会记得这么清楚。他第一次给我讲的故事里，有几十年前他的士兵，有跟他一起服兵役的朋友，每个人的名字他都记得很清楚。还有跟他见面的第一个巴勒斯坦将军和第一个约旦将军的名字他至今都还记得。

后来他决定在个人口述回忆里不透露别人的名字，所以这些人的名字都隐去了。

一次跟出版社的朋友在一起开会，解放军出版社前社长朱冬生建议：如果大使对某些照片的具体时间记不清也没关系，我们可以做模糊处理。我把这话翻译给大使听时，他幽默地回答：我的问题是脑子太好使，什么都记得太清楚。他给我们举了一个例子，他当军区司令时，一次去下边视察。他跟几位高级军官在房子里开会，门口有一个人一闪而过。他马上问：那人是谁？一位军官回答他，不用管，他不重要。他却不依，非得让叫那人进来，因为他认出这个人是30年前他手下的一个机枪手。那个机枪手进来后紧紧握住马腾的手，激动地说：我知道你在这里，我故意从门口经过，就是想看看你是不是还能记得我。说完，机枪手从衣服口袋里掏出一张30年前马腾亲笔签发的营区通行证。

过去我陪大使外出开会时，车走到什么地方，他都说我知道这里。他的车里放着一份北京地图，每到一个地方，他都能指出现在是在哪里。有时候他在车上睡着了，一醒来，车到哪儿，他马上就说"我知道"。军人的方向感特别强，也许是从小父亲对他的教育。马腾将军的父亲是是一位著作甚丰的历史学家、考古学家、地理学家、地形学家，从小带着马腾游遍以色列。他父亲称自己是地形学家，马腾大使也称自己是地形学家。

虽然离开军队已经17年了，马腾大使看起来还是一名真正的军人。他也经常对中国客人说：我首先是一名军人，其次才是外交官。2012年8月，我听说即将来当大使的是一位军人时，心里不免琢磨：他不是外交官，可以吗？其实在他的人生经历里，17年前也曾经发生过同样一幕。从政之后，他担任以色列文化部长，文化界的人们纷纷怀疑：他怎么会做文化部长，他是将军，他哪懂文化？！当时北京大使馆里

以色列大使马腾将军谈话录
Conversation with General Matan Vilnai, Ambassador of Israel to China

的气氛中能感觉到人们这样的质疑：一个军人怎么会来做大使？正像他所说的，这是他第一次来中国，之前从未踏入过中国，只在机场过境一次。我清楚地记得，马腾大使第一次开全体员工会议时，他说这里跟他的军队一样，他看到每个人都很清楚自己的工作，都干劲十足，他感觉自己就像回到了军队。感觉军队生活很遥远的我，听了这话后，觉得大使很幽默，他真是一名军人，三句话不离老本行。

初来乍到的马腾大使从未在外交部门待过，也不知道怎么做外交。然而，不懂外交不等于不会学习，不懂外交不等于不会工作。实践证明，起初被人质疑的他，工作干得非常出色。军人出身的他，目标明确，干劲十足。他有自己的作风，工作积极主动，打破以前使馆工作被动的局面，主动寻找加强两国关系的工作方式和合作项目。他有战略的眼光，当过军区司令、副总参谋长、副部长、部长，看问题很有高度，目的性很明确。一旦确立了目标，有了明确的任务，就会设法努力去完成。这些工作作风都是过去长期在军队养成的，从年轻时当队长、连长、营长、旅长等前线的指挥官，就是在执行一个个具体的任务，而且只能靠自己，不能靠首长告诉你怎么做，而是要自己审时度势，想方设法完成。在北京期间他就是这么工作的。他非常善于学习，很快就了解了中国人的做事风格。他对中国每个地方的熟知程度也令人惊奇。比如他也许是第一个发现，中国的长春市无论在面积和人口上都接近于以色列这个国家。他有广泛的人脉，是唯一能跟以色列总理直接通话的大使。在北京的任何工作，他都会直接与以色列相关的部长沟通解决，而不需要在外交部一层层报批。他把推进中国游客到以色列旅游变成政府的决策，旅游部的工作就是执行政府的决策。他说服以色列总理在几分钟之内就批准他申请以色列加入亚投行，对中国而言，这是极为可贵的支持。在北京工作4年，他成绩之卓著，有目共睹。

　　马腾大使是个爱读书的人。中国人羡慕的一个爱读书的民族就是犹太人，而这种爱读书的民族特征在马腾大使身上得到了完美的体现。他自己承认最喜欢的两个东西是：书和巧克力。读书是从小培养出来的习惯。他生于书香之家，父亲是以色列很有名的教授，一辈子都在不停地著书。书籍陪伴他长大，他也成为以色列军队里最有学问的人，战友们有什么问题，都会说：去问马腾，他知道。被任命为以色列驻华大使之后，他几个月里看遍了在以色列能找到的几十本关于中国的书，不管是英文还是希伯来文。在中国工作期间，他看的大部分书都是跟中国相关的。我每次去他的办公室开会，都能看到他办公桌上放着一本他正在看的书。读书，也爱书。对于父亲的130多本著作，他走到哪儿，就带到哪儿。办公室里展示的只是其中的十几本，其余的大部分都放在他的官邸。他说，看不到父亲的书，他会感到很空虚，这些都是他的人生财富。朱冬生将军送他一套自己主编的世界军事史，马腾大使对这套书的喜爱溢于言表，虽然阅读还存在语言障碍，但他把这套书精心收藏起来，也视为自己的精神财富。

　　犹太人跟中国人一样重视家庭，马腾大使更是典型的代表。马腾大使计划去年夏天离任回国，我问他：为什么要离任？上一任大使在中国都工作了5年，为什么你不延期呢？他回答我：为了家庭，因为我的家人都在以色列。有许多中国人都看过以色列大使馆制作的一个视频《以色列：小国强大的内因》（优酷里可以搜到），视频讲述的是在哈佛大学开设"幸福课"最有名的泰勒·本-沙哈尔教授，放弃哈佛大学的工作，回到以色列，他给出的理由就是为了家庭，因为他的大家庭都在以色列。回到以色列的他，带孩子在游乐场玩，会经常遇到"管闲事"的人告诉他怎么教育孩子。他

说在以色列一天听到的建议都超过了他在美国的十几年。

大使夫人

马腾大使对家庭的重视还表现在对夫人安娜女士的敬重。他经常开玩笑说,他是军队的指挥官,而夫人是他的指挥官,是名副其实的指挥官。现在在中国工作,他又称夫人是"大使的大使"。家里的决定听夫人的,包括吃什么,不能吃什么。不过在办公室,不当着夫人的面,他吃起巧克力来没有节制,简直像个孩子。今年他生日那天,正好我要去他家里谈出书的事,所以给他带了一盒莫扎特巧克力。他看到后,非常开心,可是夫人说今天不能吃,因为他已经吃了好多蛋糕了。他只好眼巴巴地瞅着,乖乖地把巧克力放进了抽屉里。另外还有一件小事,为这本书选照片时,我建议他给我一张他们俩照得不错的合影,他马上回答,这个要夫人定,让我向他的夫人要照片。

说到大使夫妇的感情,真的令我非常羡慕。结婚都40多年了,两人还是卿卿我我。一次大使夫人给办公室的同事送来新年礼物,大使看到后,开玩笑地问:怎么没有我的礼物?夫人回答:你不需要礼物,你有我呢!我承认,除了在热恋中跟先生说过这么肉麻的话以外,现在说这样的话都难以启齿了。他们的感情之深,从他们相互的称谓上都能感觉到。他们叫对方时,都要在名字后面加上昵称。他俩对彼此生日都十分重视,每年大使生日时,大使夫人都会来到办公室,让整个使馆参加,都为大使送去祝福。为了给夫人买一件满意的生日礼物,大使更是会早早地去商店,为夫人精心定制一份礼物。夫人经常向别人展示大使送给她的生日礼物,幸福感满满的。看着他们两个恩爱甜蜜的样子,真的有许多地方值得我学习。

我在使馆工作时，跟大使夫人交往比较多，从他们刚开始到中国生活，我陪着她跑家具市场，更换家里设备，在家里请客吃饭，陪她接受采访，参加中国外交部的义卖，到陪她外出参加大使夫人的活动。我现在虽然离开了使馆，她有什么活动需要我帮忙，我也是力所能及地帮她。大使夫人性格开朗，人也很漂亮，喜欢交朋友，喜欢学习中文。一次在接待中方出版社的朋友时，她很得意地告诉大家，刚刚在一个展销会的开幕式上，她用中文讲了五六分钟的话，而且在场的中国来宾基本都听懂了！

大使夫人计划回国后，明年自己单独来中国专门学中文，而且要选一个小地方，那里没有几个人说英语。她很喜欢北京，可是说起她的中文水平来，她很头疼，因为在北京他们居住的地区，中国人基本都会说英语。她说：我想练中文，我用中文问，可是他们想练英语，他们用英语回答我。我唯一能练中文的是我的司机，他也教了我许多中文说法。学习兴趣浓厚的她，最近正在积极备战三级汉语水平考试呢。

犹太文化与传统

马腾大使的个人故事也是犹太文化与传统的体现。大使多次提到的安息日是犹太人每周的休息日，是犹太教神圣的节日，以家庭为中心，是上帝赐予他们休息与欢乐的日子，所以要以清洁的环境、愉快的心情和美食佳肴来庆祝。安息日从星期五日落时开始，一直到星期六下午天空中出现第一颗星星时结束。安息日全天不工作，不旅行，不烧煮，不开车，不碰电。大使讲到，现在北京飞往特拉维夫的航班每日一班，除了周六，因为这天是安息日。为了过安息日，前一天家庭主妇就开始准备安息日的菜肴。一切准备工作都要在

星期五日落之前完成，比如插好锅的电，安息日24小时不能碰开关。去以色列旅游的人们遇到安息日，会发现酒店的一个电梯被设为安息日电梯，每层都停，不需要人为去按，以方便犹太人过安息日。以色列国内是星期五和星期六为一周2天的休息日。

犹太新年和赎罪日是犹太人最重要的节日。犹太人跟中国人一样有农历，称犹太历，不同的是他们的新年是在秋天收获的季节。新年这天人们吃着蘸蜂蜜的苹果，互相祝福甜蜜的新年。以色列使馆每年都会在新年来临这一天，全使馆的员工一起过犹太新年，少不了的就是葡萄酒和苹果蘸蜂蜜。犹太新年的第十天就是赎罪日。马腾大使说他不信教，可是自赎罪日战争之后，他就开始过赎罪日了，开始在这一天禁食。赎罪日是所有犹太节日里最神圣的日子，被称作"安息日的安息日"，全天禁止工作、饮食、车船，禁止各种欲望，向上帝赎罪。这天的仪式包括忏悔，以及在犹太教会堂回忆已故亲友的小组讨论。大使说他有一次因为要在这天处理北方一个巴勒斯坦村庄的事务，只能叫一辆警车前往，因为赎罪日除了警车和救护车以外，别的车辆一律禁止使用。

犹太教还有三大朝圣节：逾越节、五旬节和住棚节。从古至今，这三大节日是犹太教徒们前往耶路撒冷朝圣的日子，他们在哭墙前祈祷。哭墙实际上是耶路撒冷圣殿仅存的西墙遗址。逾越节是犹太人纪念整个犹太民族在埃及受的苦难，以及在上帝指引下摆脱奴役，走向自由，是《圣经 出埃及记》所记载的故事，时间在公历3-4月。五旬节是公历5-6月，庆祝收获的节日。在以色列可以看到人们用鲜花和植物装饰花车，参加游行。住棚节在新年之后2周，是庆祝丰收的节日。人们纷纷在自己的院子里搭上一个棚子，成年男子吃住在里边。以色列使馆在这期间也在院子里搭一个棚子，大家一起庆祝住棚节。

其他犹太节日还包括人们熟知的圣诞节前后的哈努卡节，也称光明节。这个节日是为了庆祝犹太人以少胜多、救回耶路撒冷圣殿。圣殿里的灯油原本只够点一天，却神奇地燃了8天，让人们有足够的时间榨出新油。漂亮的光明节烛台有9权，不同于安息日的7权烛台。大使故事里提到的普珥节是公历2-3月间举办的"狂欢节"，人们盛装打扮，尽情狂欢，纪念《以斯帖记》中犹太人躲过迫害的一个事件。普珥节也是孩子们的节日，所有的幼儿园学校都会组织孩子们过普珥节。马腾大使收到的一个礼物就是一个幼儿园的老师们送给他的孩子们在避难屋里庆祝普珥节的图片。

正统派犹太教徒每天戴着一个叫卡巴的小帽，表示对上帝的敬畏。去过以色列的朋友一定知道，男士在进入哭墙的入口，都要戴上一顶一次性的卡巴小帽方可入内。以前我负责使馆微博时，经常有中国朋友问犹太人的小帽是怎么戴上去的。为此我还专门咨询了使馆戴卡巴的公使。他说自己戴习惯了，虽然秃顶，也能平衡得了，卡巴不会轻易掉下。有头发的人会用卡子别住卡巴。我在火车上遇到的犹太夫妇，按说男士应该戴着卡巴，可是他戴了一顶正常的棒球帽，还嫌热，放在桌子上，他妻子不停地提醒他要戴上。我猜想，出来旅游的犹太人一般都不愿意暴露自己的身份，因为世界各地有许多地方对犹太人不友好。所以这位男士在外旅游没有戴犹太象征的卡巴。正统教的女士也戴帽子。他们的食物叫"洁食"，有很严格的规定。出门在外，他们都带着自己的食物。我见到的这一对夫妇说他们带了一箱子吃的，足够他们在中国旅游10天的量。

犹太教的节日都是以家庭为中心，每个节日都有单独的一本祈祷书，庆祝仪式中有母亲和父亲分别担任的角色，有孩子的积极参与。整个过程就是学习和记住犹太史上的伟大事件，遵守犹太教规，传承犹太文化与传统，凝聚信仰程度

不一的犹太人。

马腾大使说到他的名字的由来有很长的故事，读者不妨翻开书仔细阅读。犹太男孩起名是在割礼仪式上，即孩子出生的第八天举办的仪式。割礼是犹太男人生活中的人生第一步，每个家庭会请亲朋好友参加孩子的割礼，仪式结束后举行命名仪式。男孩女孩年满13岁在犹太会堂举行成年礼。在以色列，犹太人的婚礼要在犹太拉比主持下举行。也有不信教的犹太人嫌在以色列注册结婚太繁琐，必须通过犹太拉比，所以有不少人选择在国外登记世俗婚约。

关于这本书

这本书的内容来自于第一手资料。我在马腾大使身边工作时，经常陪他一起开会，见中国客人。从他的言谈举止和讲话中，对他多多少少有些了解。大使详细地向我讲述他的个人故事还是6个月前开始的。我从2016年3月开始频繁出入使馆，一名前以色列同事经常看到我，在了解到我回使馆不是为了回来继续工作时，对我说：你来得太多了！过去6个月里，我与大使见面有近40次，展开了近100个小时的对话。这本书就是根据大使的英文口述翻译整理过来的，内容属实。书中采用第一人称，省去了我提的问题，是为了保持故事的真实性和连贯性。附录1的内容是马腾大使从另一本新出版的希伯来文书《Watch Me and Follow My Lead—On Leading in Combat by Personal Example》里摘取的一章他领导的军事行动，收录在这本书里，翻译保持了原文的风格，采用第三人称。

这本书是马腾大使的第一本完整的个人口述回忆，虽然他父亲著书立说130多本，而有关马腾大使的真正意义上的书，应该就是这本。他的第一本个人回忆录不是在自己国家以母语希伯来语出版，而是选择在中国，用中文出版，可见大使对中国的特殊感情。大使夫人告诉我，以前在以色列，有人要给大使写传记，他没有时间。现在在中国，他终于有时间了。每次见面，大使夫人都很关心书的进展情况，每次都会感谢我所做的工作。大使一直对自己的故事能否得到中国读者的喜爱持怀疑态度，因为他感觉自己的大部分故事是在军队36年里发生的，都是关于战争的话题。我请来中国的中东问题专家马晓霖教授，还有本书的责任编辑，解放军出版社前社长朱冬生，也是中国权威的世界军事史专家，他们两位专家都给予大使鼓励，让他知晓在中国有大批的读者期望读到他的回忆录。在各位专家的鼓励和督促下，这本书终于能够在6个月里完稿。

在此，我首先要感谢的是加拿大圣安德鲁学校校董、中建集团一局国际顾问罗称庚先生。罗先生是一位真正的以色列粉丝，他读遍了市面上所有中英文版本的关于以色列的图书。他本人在1995年听说拉宾总理遇刺身亡之后，以个人的名义，向以色列使馆送来一个吊唁花篮。当时的以色列使馆还在国贸大饭店里办公。罗先生听说我们有意出版大使的回忆录，他主动提出要为此书的出版提供力所能及的支持。我们的工作至今能够顺利进行，离不开罗先生的辛勤付出，为我出谋划策，介绍出版社，作联络人，接送朱社长，为我们安排活动并承担一切费用。马腾大使说，没有罗先生，我们出版不了这本书。

经由罗先生介绍，我认识了另一位贵人，解放军出版社前社长朱冬生。朱社长曾经为国家领导人编写和主编出版过许多本书。他虽然已经退休，仍像小伙子一样对工作充满热情。他很有才华，是一位诗人，舞文弄墨是他的一大爱好。相信读者看了他为本书写的代前言，就能领略他的才华了。朱社长在我翻译整理此书的过程中，给了我许多很好的建

议,包括尽量在标题中减少使用"战争"一词,将最后一部分提到第一部分,还有起什么样的书名合适。在此感谢朱社长为此书付出的艰辛劳动,感谢他对我这样一个新人无私的指导和帮助!

我也要感谢凤凰出版传媒集团、江苏人民出版社出版此书,感谢出版社领导徐总、府总和责任编辑千里迢迢从南京赶来北京,与我们商讨出版事宜。正如马腾大使所说:"没有你们,就没有这本书的面世!"

我还要感谢为我工作提供便利条件的以色列使馆安全人员,感谢你们还把我当作使馆的一员,让我自由出入。感谢大使秘书为我安排与大使的见面,感谢大使希伯来文秘书Ricki花费很多时间帮助我们整理照片,感谢使馆前同事陈颖为这本书添砖加瓦,感谢其他前同事们和老同学们给予我的关心和鼓励!感谢我的亲朋好友关心我,支持我。我爱你们!你们是我的"娘家人"!

这本书从最初的一个想法,到今天的完成,都离不开我先生刘永军的大力支持和帮助。在我忙得没有时间料理家务,没有时间跟你说话,你都给予我充分的理解和宽容,给了我最大的支持。我最应该感谢的是你,亲爱的!还要感谢在温哥华UBC读国际关系专业的大儿子刘智旅,谢谢你独立承担附录3"纳格·哈马地"章节的翻译。好儿子,你真棒!

这本书要献给书稿的第一位听众——刚刚离世的我亲爱的姐姐吕小莉。她在住院期间,听到了我读给她马腾大使的大部分故事。在她的鼓励和肯定下,我才走到了今天!我也多么希望去年过世的父亲能够在天国知晓女儿取得的成绩,为我感到骄傲!

吕新莉
2016年9月16日

第一部分
军旅生涯
Part I
Military Life Introduction

马腾大使的办公室里和官邸的墙上都挂着一张他参加恩德培救援行动的老照片，每次有中国客人来访，他都会向他们介绍，当然只是简短的一两句话：这是我参加的1976年的恩德培救援行动的照片，最右边这个是我。很多中国人都知道他参加了世界军事史上最成功的恩德培救援行动，而且是以副总指挥官的身份，但是外界对这一救援行动的报道中，并没有太多他的故事。

2016年是恩德培救援行动40周年，以色列驻华大使馆举行了两次纪念活动，一次是对外，邀请了中国客人和其他使馆的外交官参加。我作为本书的编著者，被邀请参加。在参加这次活动前，马腾大使已经跟我就恩德培救援行动进行过深入谈话，所以纪念活动中大使对嘉宾的介绍内容对我来说并不新奇，相反，我倒觉得他谈得太少。不过，读者在这本书里能看到一个很长的篇幅，详尽描写了马腾大使在这次惊心动魄的救援行动中的个人经历。

一位使馆同事曾经告诉我说，在使馆内部的纪念活动中，大使介绍完毕后，她提问：这次世界闻名的救援行动是否改变了你的生活，或者使你的人生态度发生了什么改变？这种改变是什么？没想到大使却回答说：那次行动只不过是我几十年军旅生涯中的一次，不是最艰巨的，也不是最危险的。我经历过许许多多的行动，只有这次为人所知而已。

的确如此！在我与大使的谈话里，我了解到在36年的军旅生涯中，他创造了无数以色列国防军的"第一"：21岁成为以色列国防军最年轻的连长，30岁成为最年轻的旅长，34岁成为最年轻的将军，破格进入指挥参谋学院学习，解决人质危机，创建新的编队，指挥比自己年长又是以色列传奇人物的预备旅军官……他做的远远不止这些。

他的故事也是以色列国的成长史：独立战争、六日战争、黎巴嫩战争、加沙驻军、约旦和谈。他经历了艰苦的战争岁月，但是讲给我的都是美好的记忆：与巴勒斯坦将军的会谈，加沙百姓对他的爱戴，对开罗的访问……马腾大使的故事里看不到他对敌对国家的仇视，只有对恐怖行为的仇恨。在他经历的战争中，多少次出生入死，有许许多多战友献出了宝贵的生命，但是他并没有因为与其他民族为敌，就从内心鄙视他们，仇恨他们。相反，他对周边的巴勒斯坦人、埃及人、约旦人、叙利亚人、黎巴嫩人，以及他们的宗教和文化，都是怀着一种敬重之心。

参加过多次战争的马腾大使，现在讲起自己过去的经历，那种平和的口吻让我难以置信。有时候，他会指着照片里的战友对我说，这个在哪次战争中牺牲，那个在另一次战争中阵亡，现在活着的还剩几人。每次听到大使说起这样的故事，我都会感到一种说不出的难过，而他的口吻竟是如此平和。大使的以色列秘书对我说：这就是以色列，只有在以色列是这样，这就是我们的生活。

记得有一年我陪中国青年代表团参观以色列大屠杀纪念馆，那里没有中文讲解员，需要我给中国代表团做翻译。我一个外人，面对犹太人在二战中所经历的深重苦难，几次都哽咽得无法继续翻译下去，而以色列讲解员从头至尾都很平静，看不出她情绪有多大的起伏。

也许那位大使秘书说得对：这就是以色列。马腾大使的个人故事，其实就是真实以色列的写照。

第一章　青年时期（1944-1965）
Early Years and Young Adulthood

军校学习期间的
马腾

独立战争
The Independence War

以色列位于中东地区,被阿拉伯国家所包围,西南是埃及,东部是约旦,东北是叙利亚,北部是黎巴嫩,西部是地中海。

5000年前,犹太人就居住在这一地区,直到公元7世纪阿拉伯人出现在这里。公元1世纪,犹太人遭到罗马统治者驱逐,被迫离开家园。阿拉伯人从拜占庭时期之后开始统治这一地区,并在此繁衍生根。19世纪末,居住在欧洲的犹太人为了能够返回2000年前祖先居住的家园,开始组织犹太复国运动。二战时期的大屠杀使世界上一半的犹太人遭到屠杀,这也加速了犹太人建立自己国家的步伐。

1947年11月29日,联合国通过分治方案,将巴勒斯坦地区划分为三:以色列国、阿拉伯国以及由耶路撒冷和伯利恒组成的特别国际区。1948年5月14日,英国结束对巴勒斯坦地区的统治,以色列建国。阿拉伯国家反对联合国的决议,在以色列建国的第二日组织六国联军进攻以色列。以色列此时军事实力只有屈指可数的十个旅,开始遭受来自各方的袭击,叙利亚和黎巴嫩联军从北面进攻,约旦、伊拉克和沙特联军从东面进击,埃及从南面进攻,就是为了消灭刚诞生的以色列国。约旦军队是以色列当时所面临的最强大的一支军队,他们的指挥官来自英国,武器装备也是英式,作战方式也是英式。经过一

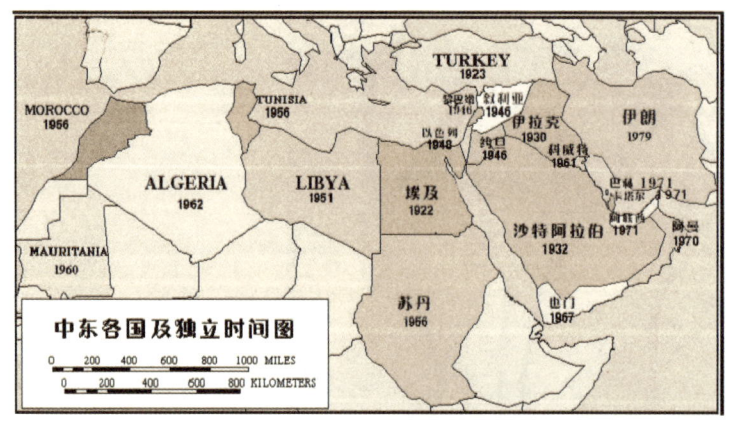

中东各国及独立时间图

第一章 青年时期（1944-1965）
Early Years and Young Adulthood

年的艰苦作战，以色列与阿拉伯联军达成停火协议。战后，以色列的军事实力越来越强大，远远胜出阿拉伯联军的整体实力。

60年之后，经历了无数战争和数千人死亡教训的阿拉伯人才开始谈论建国之事，世人现在终于明白，以色列人1948年就建国是多么明智啊！

新移民
New Immigrants to Israel

建国初期，以色列人都是来自世界各地的新移民。60年过去了，现在70%的以色列人口都是在当地出生的。举一个例子，我坐在贝尔谢巴我的总部不远处的街上，一边喝着一种特殊的咖啡，一边看着来来往往的行人，他们有当地的贝都因人，有来自欧洲的犹太人、俄罗斯的犹太人、也门的犹太人，还有来自世界其他地方的犹太人。他们的肤色不同，文化背景不同，语言不同，都生活在以色列这个大家庭。今天的以色列就像一块马赛克，由来自不同地区的人们组成了这个多元文化的社会。

我小的时候，以色列人都是来自世界各地的新移民。我在以色列出生，可是我的父母年轻的时候是从别的国家移民过来的。

我父亲4岁时从摩尔多瓦首都基希纳乌移民到以色列。当时摩尔多瓦的犹太社

二岁

005

兄弟俩与巴拉克
兄弟俩

区发生骚乱和屠杀事件，我父亲跟随家人逃到了以色列北部港口城市海法，他在海法的巴勒斯坦人社区长大，能说一口流利的阿拉伯语，小的时候跟巴勒斯坦孩子一模一样。16岁时，他穿过前线徒步前往耶路撒冷去学习，之后成为一名教师。从海法到耶路撒冷需要走4天的路。那是一战时期，英国人正在跟奥斯曼人在打仗。做了几年教师之后，他又飞到英国和美国求学，成为以色列一位很有名的教授。

我母亲出生在埃及开罗。我的外公因为身体原因需要居住在干燥的地区，所以他们家从俄罗斯移民到埃及。我母亲在埃及长大，在法国巴黎求学，之后成为一名律师。她移民到以色列，在工作中认识了我父亲。那时她在电影界工作，是舞台监制。他们有一个讲述以色列新移民的电影正在拍摄。我父亲前去给他们讲解巴勒斯坦地区和以色列历史。我母亲是这个活动的组织者，她负责告诉我父亲什么时候开讲。他们俩就在这里相识。我母亲是一位很特别的女士,高个子,聪明又漂亮。

我没有见过我的祖父母。我有一个哥哥退休以前是海法以色列理工学院的教授。这个学院是世界著名的大学,现在开始有越来越多的中国学生在这里求学。

晚年的父母亲

我在耶路撒冷度过的儿时时光
My Childhood in Jerusalem

我1944年出生,在耶路撒冷长大,那时候的耶路撒冷在独立战争期间被阿拉伯联军所包围。我记得那时候到处可以看到英国士兵,以色列还没有建国。英国第六空降师就驻扎在我家附近。我从小就知道,以色列要生存,就必须强大起来,首先是军事方面的强大、文化、社会、经济等各个方面都需要强大起来。我们必须成为最强大的,才能在中东这一艰难的环境下生存。

以色列大使马腾将军谈话录
Conversation with General Matan Vilnai, Ambassador of Israel to China

十岁

　　以色列与阿拉伯联军达成停火协议之后,阿拉伯人说这次只是第一轮,第二轮他们要把以色列人赶到地中海里,我们将会被海水淹死。我4岁时就知道,我们必须等着第二轮的到来,因为那是迟早会来的,他们迟早会把我们赶进大海。

　　我从小受到的教育是两个重要的话题:一,我们必须强大才能生存;二,迟早阿拉伯人会使用武力把我们赶进大海。他们称之为"第二轮",第一轮就是我们的独立战争。因为以上原因,我们每个人都要尽自己最大的努力,使以色列能够尽快强大起来。所以我义无反顾地投身军旅,在军队效力长达36年。我自愿成为一名伞兵,参加了几乎所有的战争,在战争前线冲锋陷阵,多次在战争前线负伤。而促使我去做这一切的信念,早在1948年耶路撒冷我儿时就开始萌芽了。我们都知道中国

第一章 青年时期（1944-1965）
Early Years and Young Adulthood

在同一时期，也处于战争时期，你们1949年10月1日成立新中国，我们建国的时间差不多。

我父亲是一名教授，他的著作有数百本，涉及以色列历史、地形、地理，以及考古等领域。耶路撒冷战争期间，他是我们军队的一位情报官。他称自己为地形学家，经常听他说："我来自这片土地，我来自这个地形"，而不说自己是历史学家，或考古学家，也不认为自己是地理学家，虽然这些领域他都研究，而且有所建树。

我现在的言谈举止，得益于我父亲从小对我的教育，就在1948年耶路撒冷被围困的时期。我记得战争结束之后，我跟父亲在耶路撒冷市里散步。那时的耶路撒冷被分为约旦区和以色列区。这里当然是我们的首都。我们在街上漫步的时候，父亲对我说："马腾，你看那个人，战争期间他逃到特拉维夫去了。"特拉维夫是以色列最大的城市，那里战争期间很安全，现在也是一个非常安全的城市，从耶路撒冷开车一个小时可以到那里。

我父亲经常带我出去，到以色列各地旅游。我小的时候经常跟着他，一出去就是一个星期。我父亲是导游培训学校的校长，他带我参加这些课程。我小的时候就慢慢对这些导游课程熟悉了。他带我去以色列

与父亲兄长朋友在基布兹的餐厅里

以色列大使马腾将军谈话录
Conversation with General Matan Vilnai, Ambassador of Israel to China

他人写父亲故事中的父亲照片

他人写父亲故事书里的父亲

他人写父亲故事书里的父亲，手拿着圣经

北部、南部，到处旅游，还不断给我学校的校长和老师写请假条：这一个星期马腾学到了比课本还重要的知识。我担任文化部长时，有一次在一个电视节目里提到我小时候的这段经历。教育部长听说我小时候经常翘课，跟着父亲到处旅游，气愤地对我说："你怎么能这样做？"我理解这位部长，他觉得我不应该当着公众说这些。我回答他："那是我父亲做的，不是我。"

正是由于小时候的这段经历，我对以色列的地形非常了解，也成为了一个真正的专家。过去我常常徒步或驾车走遍整个以色列。至今我对

跟父亲从南部贝尔谢巴旅游回来，13岁

以色列这么熟悉，就是源于我父亲在我小时候就带着我游历这个国家。

我就读于耶路撒冷最好的高中。16岁时，我觉得我懂的还不够多，为了效力国家，我必须学到更多的知识。海法有一个军校，我决定去那儿上学。尽管我父母不同意，最后我自己还是拿定主意去海法上学了。我在海法的军校读完高中。

第一次摸机关枪

军 校
Military School

在海法的希伯来瑞阿里学校附近的寄宿军校，我读完了11年级和12年级。我上学的时候，这个学校叫"寄宿军校"，现在的名字是"国防军初级指挥预备学校"。这个军校几个月前被关了，最近又重新开了。在这里读书的经历非常艰苦，上午上课，下午完全就是一名士兵，要接受各种各样的军事训练。入学时，我们总共有80名学生，毕业时只有27名学生合格。54年后的今天，这27名学生里，有17名还健在，其余10人在过去的战争里牺牲或者过去几年陆陆续续过世。包括我在内的还健在的17个人，我们的关系非常亲密，几乎每个月

第一章 青年时期（1944-1965）
Early Years and Young Adulthood

军校的27名毕业生，最后一排右三为马腾大使

的第一周我们都会在以色列聚会一次。我每次回国，都会跟这些老朋友见见面。我们这些朋友的人数越来越少了，有的人住在海外。每个月能见一次，这也加深了我们之间的友谊。

我在高中读书的时候，教育部为了动员更多的学生参加伞兵，夏天组织我们这些即将毕业的学生观看伞兵实战表演。我记得我们有数千名学生，坐在伞兵训练场的一处山坡上。我们这些学生第二年高中毕业之后就会服兵役了。飞机出现了，伞兵开始跳伞，有一个伞兵就在我们眼前摔死了。这个伞兵从飞机上跳下后，怎么也打不开他的伞包，等要打开时，他已经重重地掉到了地上，我们眼睁睁地看着他死去了。在这次观摩活动中发生这样的不幸

军校时期

与军校朋友合影，马腾是今天唯一活着的一个人，后排左一去世，后排其余5人都在战争中身亡

准备用绳子攀爬马萨达

事故，肯定大大出乎组织者的意料。但是更让组织者始料未及的是，那一年自愿加入伞兵的学生人数却比往年翻了一番。我至今都记得这件事发生在1961年的夏天。

服兵役
Military Service

每一个以色列公民都有义务服兵役，但是要加入到特种部队，参加空军，还有伞兵，都需要自愿参加，至今在以色列还是这样的制度。我服兵役开始，就自愿参加伞兵部队。那时候伞兵是以色列军队里最厉害的一支部队，没有哪个部队可以跟它相比。现在的以色列伞兵仍然很优秀，不过和它竞争的兵种比过去多了。伞兵部队还是保持自己的优良作风，至今还是以色列军队里的精锐部队。54年前，也就是1962年那个年代，他们是唯一的一支最优秀的队伍。我们班27个毕业生中，有6个人自愿加入了伞兵。

我们6个人一加入伞兵，就成为了班长，就是说我们是臂上有2道杠的下士。那时候以色列部队里只有一个伞兵营，编号是890，至今都家喻户晓。我们加入的就是这个营。营长把我们6个人分成2队，3

个人去了二连当班长，另3个人被分到三连。加入这个伞兵营的6个人，现在仍活在世上的还剩2个人——我和埃胡德，我们至今还是很好的朋友。其他的人要么牺牲，要么去世了。

我们加入的伞兵营就是最有名最厉害的那支部队。我们刚去报到的时候，一位连长接待了我们，他对我们劈头盖脸的第一句话就是："我接到命令要接收你们，但是我并不想要你们。过不了多久，我会把你们一个个送回家的。"连长对我们几个新兵作这种毫不客气的训导，是在一个荒无人烟的伞兵训练场里的一顶帐篷里。如今这个地方已经成为一个城市了。训练结束后，这个连长还真的把那些班长们一个个都送回家了，唯独留下了我们3个人，一直到被送去上军官学校时，我们才离开了这里。

我在伞兵营当班长时，我的士兵们跟我一样大，我得指挥他们，就因为我是军校毕业的，就成了他们的班长。这个班长可不好当，我们都很辛苦，有很多强度极大的训练，而且都是模拟实战。我们每个

马腾连长

人心里都很清楚，我们这是在为即将到来的那个"第二轮"做好准备。为了不被人赶下海，我们就得这么训练。我们每个月都要从南部拉练100公里，背着重重的装备，徒步行军20个小时，中间不休息，一口气走回营地。

跳伞事故
Parachute Accident

我还是班长时，我们经常搞夜间跳伞训练。这种训练都是在营地附近进行。说是附近，其实也是在30公里以外。有一个晚上是整个连的训练。我们从以色列中部离特拉维夫很近的一个空军基地起飞，20分钟后，我们就要跳伞。我们每个人都背着跳伞装备，有时候装备的重量跟我们的体重一样。如果那时候我们一个人有70公斤重的话，每个人身上的装备也差不多是70公斤。我们跳伞时，外边漆黑一片。刚跳下飞机，就听到黑夜里一声令人恐怖的尖叫，差点刺破我的耳膜。每次跳伞，我们在空中停留的时间是很短的，只有12秒。这时，我们很快意识到，是一个士兵的伞包出了问题，他跳出飞机，就直直地掉了下去，中途撞到了另一个伞兵，被撞的那个伞兵是一名中士，我的朋友，他们两个人一起摔到了地上。那名士兵当场就摔死了，我的那位中士朋友受了重伤。他们被人抬离现场后，我们迅速组织好，急行军30公里返回我们的基地，每个班都有一个担架抬着伤员来训练。我们班有一个伤，一个亡。尽管这样，我们一刻也不能停留，所有人必须快速返回基地。这就是我们的一条铁的纪律：在军事行动中，往往会付出人员伤亡的代价，但是所有人都应当明白，既定的方案不能受到影响，必须不折不扣地执行。

训练的这天晚上是星期四，我们回到营地时快到星期五了。我们可以回家24小时，星期天早上返回到同一个地方，接着跳伞训练。训练的目的是让我们习惯这样的训练，即使有什么突发事故发生，我们的训练还是要照常进行下去。真的很吓人！整个连有80名伞兵，我们进行了很多次训练。我们跳伞，如果没有什么事故发生，就接着再跳。从那时候起，我大概跳了不止250次，虽然我的后背也受过重伤，我还是继续跳。这就是训练的意义所在，也是我们伞兵精神的体现。

军官学校 Officers' School

完成班长的任务之后，我被派去军官学校学习。在伞兵营14个月之后，我成了一名军官，当了排长。在军官学校学习的学员有200名，合格毕业的有80名，三分之二没有完成课程。合格的80名学员里，共有8名优秀学员来自890伞兵营，每个排有一名，共有6个排，整个连有2名，这就是我们这个营的厉害之处，而我在这个课程结业中得到了第一名的好成绩。

当时拉宾是我们的总参谋长，他做出了一个非同寻常的决定：我们需要最好的军官给新学员当教员。这样，我们8个优秀学员就成了新学

拉宾总参谋长与优秀学员在一起，右二为马腾

员的教员。听到这个消息时,我们都大吃一惊,因为我们本来是想回到890伞兵营当排长的。星期四我们刚刚结业,星期天我们就要开始做教员了,只给我们放两天假!

1964年我在这个军官学校做教员时,学习到了很多怎么指导别人的经验,还学会了怎么跟年轻的军官相处。这时我们没有军事训练,只是教课。我的学员中有些现在已经是高级军官了。当我还是一名少尉、他们还是中士和学员时,我们就认识了。对我来说,这些经历非常重要。很多年以后,也就是1976年,我成了这个军官学校的校长。这个军官学校是以色列军队里一个重要的学院,我们非常重视这个学校对年轻军官的培养。

军官学校,第一排为校长和行政,第二排为教员,第三排以下为学员,第三排左四为马腾

突击队训练
Commando Course

一年以后,我又返回到890伞兵营。我们有一个为期4个星期的突击队训练课程。通过这个课程,我们学习如何在敌后使用直升机、伞兵、小船,以及徒步进行小型军事行动。

最后一次训练,我们一大早就全副武装,准备在以色列南部的沙漠里跳伞,前往一个军营去执行任务,在那里建立侦查点,然后进行汇报。我们白天在沙漠里徒步行走了40公里,到了军营,观察这里的情况。六小时后,我们的指挥官过来,给了我们一个信封,他就走了。我们打开信封,里边写着我们的下一个任务,再去另一个营地,还是做同样的工作。我们赶紧查了一下地图,是40公里以外的一个地方!这时已经是晚上了,我们一整夜都在走,总算到达了目的地。我清楚地记得,那里有一棵树。沙漠里没有多少树,所以每一棵树都会在地图上标出来。我们筋疲力尽地坐在那棵树下,等我们的指挥官过来。他开着一辆吉普过来了,给了我们一个信封,人又消失在夜幕里。信封里是我们下一个任务的指令:又是去40公里以外的一个军营!

　　目前为止我们已经在条件艰苦的沙漠里走了80公里了,可是我们还要往南再走40公里。我们是6人小组。有两个人说他们实在走不动了,要放弃了。我和其他三个人决定继续前进。我们四个人出发了。等我们到了最后一站时,天又黑了。这时,吉普车又过来了,命令我们还要继续前进20公里。最后,我们来到前往埃拉特的主路上,他们要在这里接我们。我们到了主路上,看到接我们的车在100米之外。我们躺倒在路上,这最后的100米再也挪不动了。我们冲他们喊,冲他们招手,他们却睡着了,根本没看到我们,也听不到我们的呼喊。早上他们发动车时,才看到了躺在路上的我们。躺在柏油路上感觉很舒服,虽然夜晚气温很低,可是柏油路上暖暖的。他们接了我们,用军车把我们送回营地。星期五早上,我们终于回到了营地,整个人都快虚脱了。这次训练,只有三分之一的人通过。我根本走不动路了,一整天一动不动。

　　到了晚上,我突然接到一个电话——计划变了,星期天早上我要返回伞兵营,去指挥一个排的士兵进行最后一个阶段的训练,是班长指挥课程训练。这些士兵在部队服役两年了,已经积累了许多经验,一个个都很厉害。我要做他们的军官。至今我都想不起来,那天我是怎么回去的,因为我根本动不了。我到了营地,看到一个上尉正在准备他的装备。他看看我,问:"你是新排长?好吧,你有两个小时准备你的装备。我们今天晚上要去北部一个地方跳伞,然后徒步开始我们的训练,

走120公里。"我什么都不能说,我不想让他觉得,我一个新军官一上任就开始叫苦抱怨。是的,我什么也没说,天刚黑我们就跳伞,然后我带着士兵们在加利利北部山区又走了120公里。

训练结束后,我解开伞兵靴子的鞋带,那个上尉看到了我的腿,问我怎么了。我告诉他这两天发生的事情。他瞪大眼睛,冲我嚷道:"你是机器吗?你怎么能这样!你疯了吗?!"过了几年,他做了我的副官。我比他早一步,他一直当我的副官。我们至今都是好朋友。不过那会儿他看到我的腿时,真的很气愤。

我想说的是,这只是以色列作战部队精神的一个例子而已,现今我们还是这样的精神。

最年轻的连长
Youngest Company Commander

我担任排长不久,他们需要选连长,找不到合适的人,决定让我当连长,我那时候还处于前两年义务期,担任连长资历太浅。但是营长决定让我当连长。这样我就成了以色列军队里最年轻的伞兵连连长。当排长时,我参加了一些军事行动,比如边界

坐在吉普车上的马腾连长

第一章 青年时期（1944-1965）
Early Years and Young Adulthood

上的狙击，在敌方的小型袭击和侦查。我记得刚担任连长时，营长给我的第一次评语是：马腾是一个好军官，在小型军事行动中，作为年轻的连长，他会犯错，但不会再犯同样的错。

我们一直驻扎在边境上，双方总会出现冲突。我记得有一次我们得到一个情报：晚上有一批武装分子会潜伏到我们的一个基布兹（注：以色列人民公社），计划偷走所有的武器。这个基布兹在离卡科里亚不远的绿色边境线上，武器藏在一个地方，他们会把武器偷运到他们那边去。我们埋伏了好几处士兵，由我和其他几个连长指挥。每个埋伏点有12个士兵，因为我们相信为了偷走所有的武器，他们肯定会过来几十号人。可是最后什么也没发生。我们埋伏了好几个晚上，天下着大雨，不一会儿，所有的士兵都站在了水里，气温很低。那时候我们没有雨中可以使用的装备。为了能够随时扣动扳机，士兵不得不把手指含在嘴里暖一会儿，然后做好开火的准备。条件非常艰苦。这个阶段发生了许多这样的事件。

伞兵营的连长有一个工作，就是要动员士兵加入到伞兵部队来，要挑选那些优秀的士兵，然后对他们进行严格的训练，使他们成为合格的伞兵。自愿参加伞兵的士兵都很优秀。

我当了三年连长，最后在萨姆瓦行动中受了重伤。这三年里，我指挥两个伞兵连进行了艰苦的训练，参加小型军事行动，包括卡科里亚行动和杰宁行动。我们前后跳伞几十次，大部分都是在夜里，在沙漠里。要成为真正的战士，必须经过一段时间艰苦的训练。在萨姆瓦行动中受伤时，我24岁，六个月之后，六日战争爆发了。

> **六日战争前的军事行动**
> Operations before the Six Day War

1. 戈兰高地

我们在戈兰高地驻扎了很长时间。戈兰高地地势很高，叙利亚士兵在高坡上，我们在低谷，所以他们从上边看下来，我们就像是一定范围内移动的靶子,很容易被击中。我们的任务是开垦这里的耕地,一直到边境线上。我们在这里巡逻,他们就会开枪,对他们来说,打中我们非常简单。我们得设法保护自己,找到一个方法既能走动,又不会被他们打中。我们在这个边境线上有好几起冲突。我们有一个特殊装备的拖拉机在这里耕种农田,车身有装甲防护。开拖拉机的司机不是农民,是士兵,因为在这里耕田很危险。我们耕地到边境线时,好几次跟叙利亚士兵起了冲突。晚上在边境线上巡逻时也会爆发冲突。

2. 约旦边境

i 杰宁行动

我们在杰宁有一次军事行动。杰宁是西岸北部的一个阿拉伯城市,与我们北部的城市阿富拉相对。几个武装分子潜入到阿富拉,将炸药放在一座楼下,试图炸掉这座楼,然后他们又逃回杰宁。我们当时正在以色列南部的边境线上巡逻。总参谋部命令我们做好准备,前往杰宁发动一次袭击,就在武装分子袭击阿富拉之后的第二天晚上。我们没有时间好好准备,就匆匆前往杰宁,去开展我们的军事行动。

我当时是伞兵旅一名年轻的连长。我们带了大约100名士兵,穿越边境。营长是总指挥,我是这支部队的开路先锋,如果敌人开火,我就会第一个被打中。我带领我的士兵前进了10公里,到达杰宁郊外。我们发现了两个目标,都位于杰宁人口密集的地方。有一个阿拉伯联军基地在500米之外,我们看到那里亮着灯。如果阿拉伯联军基地干涉我们的行动,向我们开火的话,我们一个排的任务就是做掩护。

我开始在楼的周边部署兵力。这时是晚上11点钟,大街上没有人,只有一些很小的街灯亮着。旁边小房子的阳台上有人。不一会儿,我听到有人用希伯来语叫我,原来是我的副官。我听到了枪声,跑过去掩护他,问他发生了什么。他要我抬头看,我看到三五十米远有四个阿拉伯联军士兵正在朝我们开枪,他们都是经过英国军队训练的。这看起来很

第一章 青年时期（1944-1965）
Early Years and Young Adulthood

像是一场埋伏，至今我都没搞清楚是怎么回事，大概他们是在巡逻，看到了我们士兵，就开始向我们开火。我的副官准备还击，可是发现他的冲锋枪卡住了，他才朝我喊叫。我把他推到一边，拿起我的冲锋枪开始开火。我朝他们每个人开火，他们马上停止了射击，哇啦哇啦地叫喊起来。

我们开始执行任务，把炸药放在需要放的地方，向营长汇报我们已经做好准备炸掉这些楼了。得到营长的命令之后，我们启动了爆炸装置，开始往回撤，这时已经是子弹漫天飞。我们回到了以色列境内。这是我21岁作为连长第一次在敌人后方执行任务。

作为士兵，我们必须按照三个准则行事：一，汇报准确；二，不浪费弹药；三，看到黑暗中出现敌人的幻影不惊慌。在带领队伍返回以色列的路上，我做了一件事，就是数一数我一共发射出去多少子弹，我发现自己这次用了8发子弹。我们返回基地之后，每个人都要汇报行动中的情况。我们这边的讨论很激烈，因为我们跟阿拉伯联军发生了冲突。情报部门告诉我们，我开枪打的那4名阿拉伯联军士兵，有2个被打死，

负责操作反坦克武器，这是排里最重的武器

2个受重伤，他们身上总共挨了8颗子弹，都是我发射的。

这次杰宁行动发生在1965年5月。

杰宁行动之后，我到处接受采访，给媒体一遍遍讲述当时发生的故事。然后我突然意识到，虽然我只有21岁，我好像已经是一个重要人物了。我的朋友们服完兵役都去上大学了，我跟他们开玩笑说：我可以告诉你们，我跟你们现在的区别在哪儿。你们在大学里安静地读书，享受生活，有时间干自己喜欢的事；我在军队很辛苦，可是我能决定明天报纸的头版头条是什么，我能做这个决定，所以我的工作很重要。我第一次真正明白了我所从事的工作有多么重要。

人们第一次听说我的名字还是在我们的杰宁行动之后，我作为一名年轻的军官接受媒体采访。马腾在希伯来语里不是一个常见的名字，很多年里，我是以色列唯一一个叫马腾的人，现在以色列叫这个名字的人可能有几百个，其中一些是我部下的儿子。我见到一个叫马腾的士兵，就问他：你父亲曾经在哪支部队服役？我了解到，他们的父亲都是当年伞兵营我手下的士兵。

我出生时，还有八天就是一个重要的犹太传统节日了。犹太传统认为，这一天上帝在西奈沙漠里将圣经传于以色列人，就是圣经旧约的故事。这个节日的名称就是：托拉之马腾（注：托拉是犹太人的圣经，即旧约）。"马腾"的意思是礼物。我出生的第八天举行割礼仪式，当天就是我们的传统节日，仪式之后，我就有了"马腾"这个名字。

我小时候在耶路撒冷时，我的伙伴们都取笑我的名字，因为我的名字听起来很奇怪。我那时候经常受欺负，他们常常拿我的名字开一些无聊的玩笑。

我父亲那一代人一般不信教，他们都是实干家，行动派，是现代以色列国的建设者，不像上一辈人信上帝。这就像你们建立新中国一样，那时候的建设者也是要打破旧传统。我们两国在建设新国家方面有很多共同点。

ii 卡科里亚行动

那些年,我们的农民沿着边境线耕地时,约旦士兵经常伏击他们。我们必须要找到一个对付他们的方法,让他们停止射击。我们接到一个命令,去炸毁他们境内离边境不远的农业用水泵。因为我们农民遭受他们的袭击,所以我们也要让他们的农民有点损失。这就是一种以牙还牙的报复行为。总参谋部临时给我们下达这个命令,要我们去炸毁8个水泵。我们分为几个排,分别前往不同的水泵设施。我们同时到达目标,每个水泵设施有12个士兵负责炸毁。我们先在设施周围查看有没有人,因为我们得到的命令只是炸水泵,而不是去杀人。有时候夏天农民会躺在楼顶,所以我们上到楼顶查看有没有人,确认设施里没有人之后,我们放好炸药,炸了水泵,返回到以色列。对方开始开枪,可是为时已晚。这个任务非常简单。

iii 狙击行动

卡科里亚行动之后,约旦士兵持续伏击我们的人。我们接到一个命令,找到一个军事目标,越境远距离扫射他们。我们穿越边境,挖了壕沟准备狙击,离他们的主路有15米远,以保证射击行动安全。我们在那里放了两个狙击手,我在他们后边不远处有一个掩体,以防他们有问题时,可以马上把他们拽回来。早上8点时,过来一辆军车,上边坐着两个阿拉伯联军士兵。我们的狙击手开枪了,可是没有击中他们。这两个阿拉伯联军士兵跳车逃跑了,狙击手在他们跑时还想瞄准。这时约旦士兵已经开始朝我们开火,发射炮弹了。那两个士兵还是被我们的狙击手打中了。我必须冒着子弹飞过来的危险把他们拽回来。之后我们使用了烟雾弹,安全返回到我们境内,这时天已经大亮了。

我们晚上就开始挖壕沟,早上8点就交火了,10点我们就返回到我们境内了。媒体又一次对我进行了采访。那时候以色列还没有电视,我们的媒体只有广播和报纸。

iv 侦察阿拉伯联军军营

我们对西岸南部的一个阿拉伯联军基地做了一次特别侦察。这个基地紧挨着萨姆瓦,是阿拉伯联军在这个地区的一个军营基地。我们侦察队由4人组成,我是队长,有2个军官,还有1名工程师。现在这里还有那座楼,是英国统治时期英国人建的楼,阿拉伯联军把它作为总部的一个要塞点。在执行侦察任务途中,我们看到好几辆约旦吉普军车。我们的工程师开始害怕起来,他不想再往前走了。我们又看到两个巡逻兵。工程师问我他能不能回去,我就把他送了回去。我又返回来继续执行我们的任务,现在就我们3个人。虽然来回路上浪费了时间,我们还是顺利完成了任务。

v 萨姆瓦行动

1966年11月,我们驻扎在西岸的绿线上,这时离六日战争还有半年时间。巴勒斯坦的武装分子试图穿过绿线进入以色列,寻机杀害以色列平民。这条边境线有200公里,离我们的居民区很近,大炮就可以射到,一个晚上步行就可以走到的距离,他们晚上过来,杀了我们的人,马上就可以迅速返回到他们那边。有一次周五晚上,在以色列南部边境的巡逻线上,我们的巡逻兵进行例行巡逻时,不小心碰到了一枚地雷,那是一种反坦克地雷,威力非常大。我们营的3名士兵当场被炸死了。

我记得我听到这个消息时,正在家里,跟父母住在一起。我知道,我很快就会被召回部队参加行动了,所以我对父母说我回房间去躺一会儿。果然,一个小时后,他们就打电话叫我。我们接到命令,去袭击恐怖分子的基地。这个基地在距离边境线不远的一个叫萨姆瓦的村子里。我们的每一个军事行动都必须是政府的决定,总参在得到政府的批准后,决定袭击敌人境内位于萨姆瓦的基地。

这是我们第一次在白天采取大规模的行动。在这之前,我们大部分都是在夜晚进行一些小型的军事行动,晚上出发去执行任务,通常天亮之前就可以返回。这次我们决定用大规模的军力,装甲车、坦克、炮兵、飞机都一起上。我们一反常态，在白天采取行动，可以让敌人措手不及。从我们的士兵被炸，到我们开始行动，时间是很短的。星期五晚上我们的士兵被炸，星期六早上我们立即开始准备行动。星期天早上，也就是36小时之后，我们就已经在前往萨姆瓦的路上。准备时间非常短，但是我们做到了。我们给他们来了一个措手不及。

我们的士兵被地雷炸死之后，约旦方面马上就预料到我们会来报复。所以他们当天晚上就在边境上部署了兵力。不过，有一点他们判断错了，因为他们根据以往的经验，确信我们会是在晚上采取行动。早上，当他们放松戒备，正在返回他们基地的时候，我们来了。我们发现他们的军车正在往回开，马上开火，双方激烈交战起来。

约旦军队是一支不错的军队，装备先进，士兵训练有素。他们过去都是受英国军官训练。独立战争期间，我住在耶路撒冷，那时我还年幼，看到约旦军队的指挥官都是英国人。这些人都是二战的退役军官，有一套军事理论体系，也有丰富的作战经验，他们理解打仗的意义。所以约旦军队虽小，但是很强。这次我们出其不意的行动还是让他们大吃一惊，本来他们以为已经没事了，没想到我们突然出现在他们眼前。

在这次战斗中，我担任连长，22岁。我们的营长就在我前面的军用越野车里，我跟着他的车，坐在第二辆。我们开始爬一个小山坡。这个武装分子的基地都是密密麻麻的低矮的房子。我们营长被一个约旦狙击手击中了头部，子弹从头盔穿进他的头颅，他还没来得及哼一声，就倒在了车里。这时，我的车离他大概只有10米远。我马上和我的士兵跳下车，在这些密集的建筑周围跟约旦士兵激烈交火。

交战几分钟之后，在离我六七米远的地方，一个约旦士兵突然从一堵围墙背后探出身子，用他的步枪朝我打了两发子弹，一发子弹击中了我的右胸，另一发打偏了。我倒在了地上，空中子弹乱飞。我的士兵赶紧冲了过来，把我拽到了安全地带。这时，我们的一位军医飞快地跑过来救护我。我感到呼吸困难，伤势很重。我的士兵们继续在向敌人猛烈开火，以反制敌人，好给我留出一块安全的地方，让军医给我进行紧急

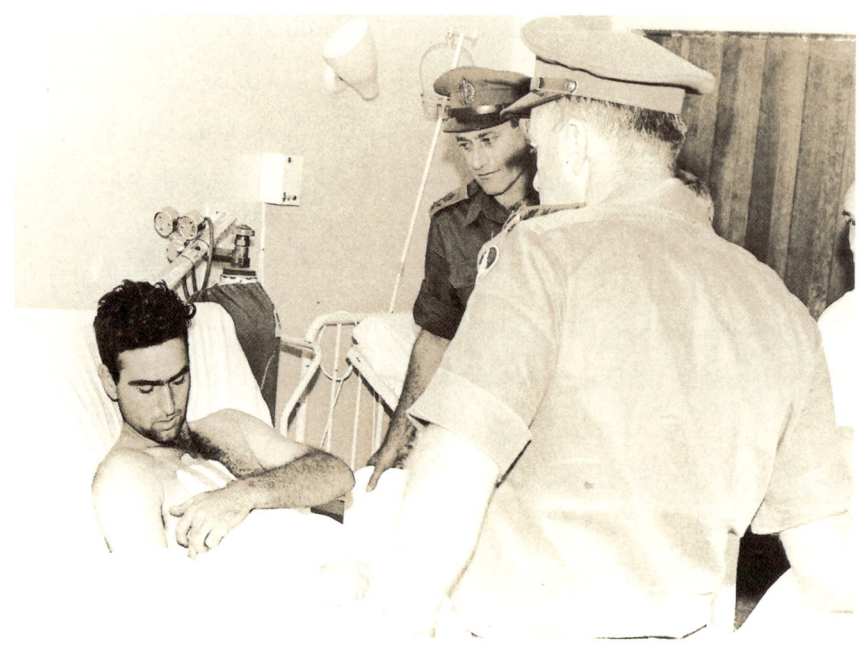

马腾在萨姆瓦行动中受重伤,拉宾总参谋长前来医院看望

救治。后来,他们很快就用担架把我抬上了越野车,把我转移到后方。

我们每个营都配有一名军医。我们这些当连长的经常跟这位军医开玩笑,因为我们都认为他并不是一名真正的伞兵,他是学医出身,不像我们会打仗。他不以为然地回应说:总有一天,你们会躺在担架上需要我的。这次我负了重伤,过来救护我的就是这位军医。当时我呼吸都很困难,已经说不出话来了,他还不忘对我说了一句:"马腾,你还记得说过的话吗?"不过从我受伤到被抬下战场,他一直都是冒着乱飞的子弹,精心地救护我。我们刚走了一半的路,一架军用直升机飞来了,把我送到医院去了。这是我们的军用直升机第一次在交火前方运送伤员,他们冒着弹雨降落下来。每件事都有第一次,没有经验时,做起来很难。有经验之后,这些都不在话下了。他们把我送到贝尔谢巴医院。经过几周治疗之后,医生让我出院回家疗养。

我当时身负重伤,子弹击中了我的肺,一直穿过去到后背。二十几年以后,我任部长时,为了治疗这个旧伤,我又接受了一次手术。受伤

第一章 青年时期（1944—1965）
Early Years and Young Adulthood

伤愈后的马腾回到萨姆瓦行动受伤的地方

时我还是一名年轻的连长，经过很多年，肺部的手术才做完。希望这一次医生已经做完手术，我就不会再受旧伤的煎熬了。

萨姆瓦行动是一次独特的行动，我们首次用大规模武力，经过短时间的准备，在一个小地方展开行动，打了敌人一个措手不及，首先是交火的地点在他们的基地，其次是我们采取了和过去不同的方式，是在白天开战。

这次行动之后，约旦国内开始出现骚乱，因为约旦境内的巴勒斯坦人认为约旦国王没有保障他们的安全，任由以色列军队在约旦的巴勒斯坦村袭击了他们。这场骚乱愈演愈烈，以致已经影响到了约旦国王的统治地位，于是国王下令对约旦境内的骚乱分子开枪，尤其是西岸的巴勒斯坦骚乱分子，这才扭转了事态。

这些都是发生在六日战争前的一些故事。1967年5月，阿拉伯国家开始聚集兵力，包围以色列，准备展开他们早已计划的"第二轮"行动。

1967年6月，六日战争爆发了。

第二章　作战经验丰富的年轻军官（1966-1970）
Experienced Young Officer

马腾上尉在追踪行动后接受媒体采访

六日战争
Six Day War

以色列1948年独立，与邻国达成停火协议，然而关系并没有完全恢复正常。阿拉伯世界声称他们迟早要把以色列人赶进大海。以色列自独立之日起，就一直准备着阿拉伯世界的第二次进攻，这已然成为了以色列人生活中的一部分。

1967年6月5日，以色列与阿拉伯世界（埃及、约旦和叙利亚）的战争爆发。此次战争持续六天，6月10日停火，所以称为六日战争，也被称为第三次中东战争。

战争的爆发原因是因为埃及把兵力部署到了西奈半岛。1956年以色列和埃及爆发了一场短暂的战争，战后联合国决议规定，西奈半岛和加沙地带只能有联合国驻军。六日战争之前，埃及总统纳赛尔请求联合国军撤离，联合国军随即撤离了西奈半岛，这使以色列大吃一惊。埃及军队进入西奈半岛，完全背离了联合国的决议。联合国的决议指出埃及军队和以色列军队都不可驻扎在西奈半岛。然而，埃及在西奈部署重兵，就是为了对以色列造成威胁，这也是六日战争爆发的一个原因。同时，埃及向以色列关闭蒂朗海峡，封锁了以色列埃拉特通往世界的大门，这是造成六日战争爆发的另一原因。

六日战争之后，以色列从埃及手里夺回并控制了加沙地带和西奈半岛，从约旦手里夺回了西岸和东耶路撒冷，从叙利亚手里夺回了戈兰高地。

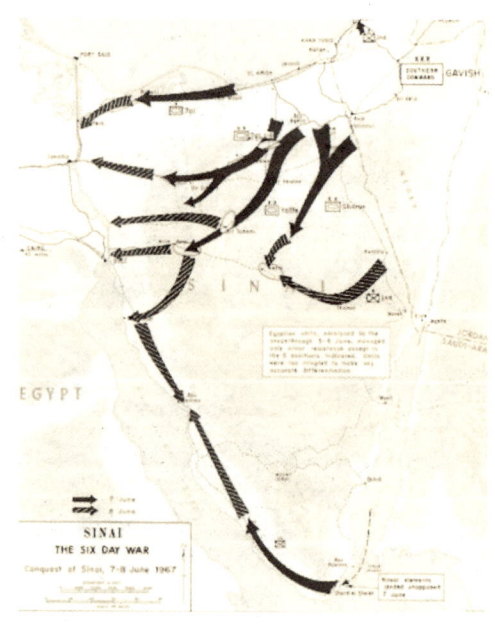

六日战争示意图

第二章 作战经验丰富的年轻军官
Experienced Young Officer

<blockquote>
西奈半岛
Sinai
</blockquote>

1966年11月13日我在萨姆瓦行动中身负重伤，此时离六日战争还有6个月的时间。我慢慢可以下床挪动了，可走路还不是那么自如，还处于不能动的状态。这时，我被选为伞兵特种部队指挥官，是伞兵营里最危险的岗位。伞兵特种部队，希伯来语叫兹汗尼姆（Znhanime）。这个时候我的身体还在恢复阶段。

这一时期，阿拉伯国家准备攻打以色列，开始六日战争。埃及军队进入西奈，以前这里是联合国驻军，我们突然发现我们在西奈面对的是埃及军队。阿拉伯世界开始传言，他们很快就要消灭以色列了。这就是我从小在耶路撒冷听到的他们要毁掉以色列的"第二轮进攻"。

我被分到一个部门当指挥官，在我身体恢复得差不多的时候就上阵。我们接到一个任务，如果战争爆发，我们就去袭击埃及军队位于西奈的总部。这个总部很大，基本上都是在西奈沙漠的地下设施里。我们将乘直升机过去，然后对他们总部发动突然袭击，这样他们的首脑机关

六日战争期间，全副武装的马腾准备跳伞

就不能再指挥前线作战了。这次行动肯定会非常危险。到了发动袭击的最后时刻，总参决定放弃这次行动。

接下来我们被派去西奈最南角的沙姆沙伊赫，要在这里跳伞。我们从以色列的一个空军基地起飞，然后飞到这里。到了沙姆沙伊赫上空，我们发现这里几乎没有人，所以根本不需要跳伞，我们就直接降落到地面，带着几辆军车，很快就控制了这一地区。驻扎在那里的一小股埃及伞兵稍稍抵抗了一会儿，不过我们很快就控制了局面。之后，我们又被派往戈兰高地。

戈兰高地
Golan Height

戈兰高地是边境线上叙利亚军队控制的一个很坚固的防御区，我们必须徒步过去，占领戈兰高地的高处。很快我们就控制了戈兰高地的最高点，开始往大马士革前进。我们没有地图，因为没有人相信我们会到达这里。只有很少的叙利亚士兵在徒劳地抵抗。很快我们就往大马士革的方向推进了60公里。这时候我们得到命令停止前进，因为交战双方已经达成了停火协议。在前进的过程中，我有好几次跟叙利亚士兵面对面交战。他们正在撤退中，根本不经打，不少士兵一打就倒在地上了。

我有好几次进入叙利亚军营，情形非常危险。叙利亚士兵开着越野车、装甲车、坦克，还有装甲运兵车，正在匆忙撤离。有一个叙利亚军官拔出手枪，离我只有2米远，想对我开枪，不过我手疾眼快，迅速地制服了他。不到一分钟，我们就控制了整个地区和他们的军营，他们都逃走了。我们接到命令停在原地，这就是以色列和叙利亚至今的边界线，就是当年我们停下的地方。

叙利亚士兵一个晚上都在往回逃，他们穿过我们跑向叙利亚。一个晚上我们都在跟他们交火。这就是六日战争的最后一天。

消耗战
Attrition War

i 苏伊士运河

六日战争结束后，我们出现了几个前线，一个是沿着苏伊士运河，一个是加沙，第三个就是沿着戈兰高地的约旦河谷。战后我们就被派到苏伊士运河，我们在那里部署兵力，跟埃及军队有过好几次冲突。苏伊士运河只有180米宽，这边是以色列士兵，河对面就是埃及士兵。

我记得有一次我们设法打中了埃及的一辆坦克，是用我们步兵的轻型武器。在1967年那个时候，用步兵的轻型武器击中坦克是多么了不起的事，不像今天有导弹。我当时是指挥官，我们还是首次离敌人那么近，之间就隔了一条运河。虽然这时候已经是战后了，埃及已经被我们完全击败，但是他们还是有大量的炮兵部署在这里。为了报复，他们不停地向我方发射炮弹，我们也是第一次遭受这么猛烈的炮火袭击。当时的情况非常危险。最后还是纳格·哈马地行动（附录1）阻止了他们的炮击。

ii 特别部队的追踪行动

1967年到1970年，我们与约旦之间在新边界线上展开了一场漫长的

第一次中东战争后以色列军事实力大增

消耗战。战争前后,巴勒斯坦武装分子常常利用我们跟约旦之间的边界线,对以色列人进行突然袭击。我们被派到这里来加强我们边界线的建设,就是以约旦河谷和约旦河为界,以阻止巴勒斯坦武装分子进入以色列。我们必须找到一个方法来防止他们的袭击。他们经常晚上从约旦潜入我们境内,来到西岸的巴勒斯坦居民区,在那里建立他们用来针对以色列的基地。这就是他们的想法,我们必须想办法阻止他们进入以色列。约旦支持的是巴勒斯坦人。我们没有时间准备,因为这样的事情每天都发生,我们只是必须找到一个办法来应对。

这时我是特种部队兹汗尼姆的指挥官,被派到这里。首先我们沿着边境线每隔5-10公里就建一个哨所,边境线就是约旦河岸。每个哨所我们有8名士兵,他们的工作就是防止敌人潜入西岸,然后从西岸进入以色列。这里的工作不好做,因为这个区域很开阔,敌人很容易潜入进来。我负责30公里的边境线建设,边境线总长有180公里。我们建了3个哨所,我驻扎在中间,我的北面和南面各有一个哨所。

记得有一天,我的电话突然响了,我拿起电话,听到里边有枪声、

六日战争结束后接受检阅的伞兵特种部队队长马腾

手榴弹的爆炸声，还有喊叫声。我的一个队长喊到：马腾，我的哨所都是阿拉伯人。然后电话就断了。我马上带领几名士兵，乘着两辆装甲运兵车和一辆坦克，赶了过去。我们到的时候，他们正在激烈交火。最后我找到了这个哨所的队长，他是一名少尉。我问他发生什么事了，他也弄不清楚。这名队长之后在消耗战期间与埃及的一次交火中阵亡了。事后分析，我们认为巴勒斯坦人进到我们哨所完全不是有意为之，到今天我也是这么认为。他们是在执行埋地雷的任务，返回的路上，不知怎么的就误闯到我们的哨所，并且杀了我们在门口执勤的士兵，与我们的人交火了。我们士兵马上开枪还击，打死了几个武装分子。

我们得把巴勒斯坦人赶回去。这一地区到处都是地雷，有他们几天前埋的，也有当天晚上刚刚埋的。在军队里，我们把地雷区叫做"肮脏之地"，因为到处布满了地雷。我们抓到一个俘虏，开始审问他。他告诉我们他们大概埋了8到12颗地雷，都是小雷，是一种专门防步兵的地雷。我们开始小心翼翼地探查这些地雷。在地雷区活动是很危险的，一不小心就会踩到地雷。我们花了很长时间才把这一地区清理完了，找到的地雷可不止12颗。

有一次我们在探雷时，我差点就踩着一枚地雷，千钧一发之际，幸亏我的一个士兵朝我大喊了一声，才救了我一命。我们花了好几天的时间在扫雷。我们突然发现那伙武装分子还在我们附近盘旋，他们是想返回去，可是找不到回去的路了。这一个星期我们都在跟武装分子和地雷打交道。这也是这个边境线很典型的一个星期的活动。约旦军队那时候支持巴勒斯坦，所以巴勒斯坦人用的是约旦的炮弹和坦克。

iii 发明电子围墙

沿着约旦河边境，我们跟巴勒斯坦人打着消耗战，他们有约旦军队的支持。我们以前把这一地区称为"追踪行动区"。我们在河边的边境线上部署我们的兵力，在地上埋了50多万枚防步兵地雷，这就意味着，每隔2—3米就有一枚地雷。我们相信这些密密麻麻的地雷会起到阻止武装分子的作用。过了一段时间，我们意识到，这些地雷并没有起到什么作用，只是偶尔会有个别武装分子被地雷炸死，再没有更多的用处。

这时候，我们有人发明了一个很有效的防御系统——电子围墙，现在世界各地都在使用，一旦有人碰到这个围墙时，它就会发出电子报警。我们沿着边境线全部设立了这样的电子围墙，除此之外，我们还有地雷。每天早上，我们的巡逻兵就会沿着电子围墙巡逻，查看有没有武装分子的脚印。一旦发现可疑的脚印，我们就会开始追踪。

赎罪日期间在约旦河谷的追踪行动中结集部队

iv 贝都因士兵

我们一发现武装分子的脚印，就叫上我们的贝都因士兵。他们从一出生就熟悉脚印，因为他们从小就在野外牧羊，知道怎么跟踪脚步。我们看不到脚印，他们却知道脚印到哪儿了。贝都因士兵是我们以色列忠实的公民，他们是穆斯林，在许多时候他们救了我们。有一些贝都因士兵成了我的好朋友。我记得在追踪过程中，我不止一次身临险境，是他们救了我，他们能看到脚印，告诉我："小心!他们就在这里!"有一次我们开始追踪脚印，到了一个到处是岩石和洞穴的地方。贝都因士兵很肯定地说，他们就在这里！虽然这是一个很开阔的地方，贝都因士兵却能看到他们的脚印。我们开始搜索，叫来了直升机，可以快速地从一个地方搜到另一个地方。直升机落地时，螺旋桨刮起的大风吹跑了我的帽子，我开始去追帽子。这时候，武装分子开枪了，他们就在岩石后边10米之外。我们很快消灭了他们，总共12名武装分子。这样的事情几乎每天早上都会发生。

每天晚上我们都会尽可能多地部署我们的伏兵，可是因为这一地区太开阔，武装分子还是会潜入进来。每天早上我们都要去追踪，一发现他们潜入的地方，我们就开始行动。我们把所有的兵力召集在一起，坐上直升机，以便能赶上武装分子，因为他们是步行。很快，我们就在这方面越来越专业了，一看到武装分子进入我们境内，就知道怎么去快速追踪。经过两年的艰苦战斗，我们终于成功阻止了约旦河对面潜入到以色列的敌人。

v 一些最好的军官牺牲了

这些年里，我们损失了一些最好的士兵，大部分是军官。我记得我们的一个旅长，以前我是下士时，他就是我们的营长，是我最敬仰的一位军官。一次我们完成了这一地区的巡逻任务，开始返回去进行训练。所有的指挥官集中起来，跟旅长一起开会，我那时候的军衔是上尉。就是在那次开会时，我对旅长说：如果你经常这样，冲在最前面，毫无保护，不注意自己的安全，很快会出事的。不幸的是，第二天，他就真的出事了。我当时吓了一跳，我怎么跟预言家一样？他是一位非常优秀的军官，是上校。我们有一个追踪，他跟我的一位朋友一起被武装分子杀害了。跟他一起被杀的是我在特种部队兹汗尼姆的副官。

我们在约旦河谷的消耗战中损失了很多军官，这引起了以色列公众在媒体上的公开争论：我们这样做到底对不对？我们应该不应该这样失去我们的高级军官？我们军队内部也在讨论。最后，根据我们一贯所受的教育，我们坚信一点，那就是我们应该记住，如果前线局势困难，军官必须亲自到前线去了解战况，而不是待在后方等着士兵的报告，要亲自去前线根据战况下命令，这一点非常重要。也就是因为这样，我们失去了很多优秀的军官。

在一次追踪行动中,我们的士兵来到一处有洞穴的岩石旁。他们走过岩石时,看到妇女们抱着孩子在喂奶,他们决定继续往前走,因为这里都是妇女,不可能有武装分子。他们刚要走过洞口时,武装分子就从里边朝他们开火了。我的一个朋友被他们击中。他是这一地区的行动指挥官,在伞兵营时就跟我在一起,比我大一岁。他当时就被武装分子打死了,因为我们士兵并没有做好开枪的准备,他们看到的都是妇女和婴儿,放松了戒备。

vi 行动指挥官

副指挥官一般都是由老资格少校担任,而我只是一名年轻的上尉。一次我们去英国第六空降师的伞兵营。我们一起吃午饭的时候,每个人要轮流介绍自己。我看到在座的所有人都是少校军衔。每个人都说自己是做什么的。我对自己说:如果我说自己是一名年轻的上尉,是营里的副指挥官,他们肯定会笑话我。所以我介绍自己说,我是排长。我把自己介绍得比营长低三级,因为我太年轻了,所以最好说自己是排长。

旅长决定让我担任他的行动指挥官,总参谋部批准他的这一任命,他得到命令,我可以成为这一地区的行动指挥官。很显然,我迟早也会像我的那位朋友一样送命的,他的上一任也是这么死的。我的朋友们还常常跟我开玩笑,说我的个头太高了,身体太重了,他们抬我肯定很费劲。我那时候是上尉,担任的却是少校的职位,才25岁。

作为行动指挥官,我必须每时每刻都在这一地区,从一个地方转到另一个地方。我们每天都跟约旦士兵有冲突。我记得有一次我坐着装甲运兵车离开一个哨所,刚出去,约旦士兵就开火了。我听到我的车后面有一声爆响,可是我们不能停留,必须继续前进,因为外边到处都是枪炮声。等一切结束后,我停下来下车去察看我的车,车的后面被约旦的坦克重重地撞击过,好在我们很幸运,什么事都没发生,我们所有的人都好好的。这辆装甲运兵车是我们六日战争期间在西奈收缴的埃及装备,是一辆老式的苏式军车,非常笨重。虽然被约旦坦克撞击,可是侥幸什么事都没有，因为它身后装有一个后备的大轮胎，起到了很好的缓冲防护作用，所以我们都没有受伤。

有一天，我们的两辆吉普车外出巡逻。我乘坐一辆，另一辆车是我的朋友开的，他是一名伞兵预备役军官。我们在这一地区巡逻时，商量接下来该怎么做，同时计划晚上的行动。巡逻结束后，我们返回我们的基地。就在回来的路上，也就是几分钟之后，无线通讯器突然传来消息：我们的一辆吉普车碰到了一枚地雷，那名军官当场就被炸死了。他们不确定是谁的吉普车，还以为挨炸的是我乘坐的那辆。当时的形势就是这么危险，边境线上每天都有交火。

vii 卡拉米行动

总参决定要摧毁约旦境内一个巨大的巴勒斯坦武装分子活动基地，以阻止武装分子潜入以色列境内。

我们发动了两个旅去摧毁恐怖分子的主要基地，这个基地在一个叫卡米拉的小镇上，离边境10公里，在耶路撒冷前往安曼的主要公路附近。我从总参领到一个任务，带领一批士兵坐直升机过去，在约旦境内跳伞，在武装分子受到我们火力袭击后往山里逃跑的路上拦截他们。我们希望这次行动可以抓获或杀死他们的指挥，这个人就是阿拉法特，当时他是这一地区的指挥。阿拉法特的阿拉伯名字原来是阿布阿马尔，意思是阿马尔的父亲。

我们带了80多名士兵，4辆吉普，8架直升机，准备降落在约旦境内一块空地上，这里是武装分子基地的后面。我们相信我们可以在这里等着他们逃跑，然后抓住他们。我们从空军基地起飞后，天气很糟糕，浓雾迷漫，能见度很低。我们的飞行员根本看不清地面的情况，因为雾太大了。我们降落的时间不得不推迟了。这时，地面战斗已经打响了。

我们失去了突袭的时机，因为我们计划是落地后给敌人一个措手不及。可是这时地面行动已经按原定计划开始了，飞机、大炮、坦克都已经开火了。我们还在努力降落，飞行中队长对我喊道："马腾，我们降

坐直升机前往卡拉米途中

落不了!"我回答他:"不行,这是我们的任务。你要尽最大努力,我们必须降落!"他说:"我们太重了。我们直升机里装满了装备和士兵,真的是太重了。我们的油也不够了,我们必须返回。"我对他很了解,我们以前一直在行动中合作,他人很不错。多年后我们还同期在议会工作,他是议员,我是部长。他的弟弟曾经跟我一起服兵役,六日战争中在加沙阵亡。最后我给他施加压力,迫使他冒险降落。我们降落时,重重地摔在了地上。

我们刚一落地,我就挨了一枪。我还以为是我的哪个士兵不小心走火了,没想到我刚踩在地上,就看到几个武装分子离我仅有20-30米远,朝我们直升机开枪扫射。他们已经跑到这里了,就是因为战斗在20分钟前就打响了,然后他们就开始逃跑。我们原计划是落在一块空地上,没想到一落地就被敌人包围。所以一落地,我们就立即进行了战斗。我们有4个排,每个排有自己的主攻点,降落在自己的区域,开始与那些武装分子交战起来。

我们跟他们交战了一整天。我损失了两名二等兵,两名士兵,还有一名排长，中士，他就死在我的怀里。战斗刚开始他就受伤了，我还试图给他包扎伤口，可是他伤得太重了，很快就停止了呼吸。进过一场激战，我们终于消灭了岩洞里的80多个武装分子。这次战斗很艰苦。战斗结束后，有装甲运兵车来接我们，我们回到了以色列境内。我们完成了任务，虽然阿拉法特逃脱了。

行动结束后，我们发现有几辆坦克被困在前线。没有人知道这些坦克和士兵到底发生了什么。我被紧急召到指挥所，也就是这次行动的总指挥所，所有的将军和总参谋长都在，大家表情都很凝重。我是一个年轻的上尉，他们派我带人去前线侦查一下，看看前线到底发生了什么，还有设法救出我们那些被困的士兵。我开始带领我的士兵准备行动。然而最后一刻，他们认为太危险了，决定取消我的任务。

卡拉米行动是1968年3月21日开展的，差不多是50年前的事情了。经过这次行动之后，巴勒斯坦人改变了他们在约旦河谷的战略，决定放弃大的基地，改用小的基地，这样我们袭击他们的目标就不那么容易了。

在卡拉米后边的山梁上

我记得这次行动之后，我们在特拉维夫总参谋部有一个讨论会，目的是研讨这次行动的细节和得失。以色列所有的高级指挥官和参与此次行动的指挥官都参加了。讨论时，一位中校军官站起来说道：我们的行动在马腾连队降落之前就开始了，造成这样的结果，都是我的错。我从没有听人这样说过，一个中校竟然在所有高级军官面前承认是他自己的错。对我这样一名年轻的上尉来说，这位中校树立了一个好榜样。我至今还记得他说的这句话。一年以后，这位中校作为旅长，在一次追踪行动中牺牲了。

viii 黑色九月

在约旦河谷的战斗一直持续到1970年9月。约旦国王侯赛因意识到巴勒斯坦武装分子开始针对他的政府，他决定与巴勒斯坦开战。这就是巴勒斯坦人说的"黑色九月"。不少巴勒斯坦武装分子从约旦逃到了我们境内。我们在约旦边境线上的战火从此停止了，一直到今天，我们与约旦和平相处。

第三章　从上尉到将军（1970-1985）
From Captain to General

指挥参谋学院毕业生合影，后排右三为马腾

> **指挥参谋学院**
> School of Command and Staff

在追踪行动中,我只是一名上尉。担任行动指挥官时,他们派我去以色列国防军的指挥参谋学院学习。进这个学院学习必须是少校以上才有资格。我当时是第一个作为上尉进来学习的学员,那时我还很年轻,只有24岁。

我在这个学院学习时,我们当时有一个项目,就是可以同时在另一所大学上学,所以我就去特拉维夫大学攻读历史专业本科学位。差不多10年之后,我1985年上国防大学时,拿到了特拉维夫大学的学位,荣誉毕业。

我记得做行动指挥官的最后一天,我正在"比卡"(希伯来语,意思是"河谷")作战。我们的一个哨所跟约旦军队正在交火。我跟旅长一直待在那里。约旦士兵开始向我们发射迫击炮。我们冒着炮火到了哨所,当时情形相当危险。我对旅长说:"我今晚就要离开这里了,因为明天就要上课了。上培训课之前,每个学员都有两个星期的休息,可是我们现在还在约旦的炮火下。我必须去

指挥参谋学院优秀学员马腾接受校长颁发证书

上课。"旅长说："不行,你得等到最后一刻钟。" 就这样,我在前线一直到最后一分钟,才离开那里。第二天,我就去了离特拉维夫不远的指挥参谋学院报到,在那里学习了一年。这段时间对我来说是一个巨大的转变,我从每天的打打杀杀,转而过上了平静的生活。这是升为中校的必修课程。

在学习结束的最后一周,我突然被校长叫到讲台上。我们那时候的课程大部分都是以讲座的形式上的。我们的校长是一名将军,他好像要惩罚我,看起来好像我做错了什么。到了最后一刻钟,我才弄明白,他是要晋升我为少校。我这里的同学都是少校,有一些还是中校。就这样,我被晋升为少校,以优异的成绩从指挥参谋学院毕业了。

总参侦察营副队长
Second in Command of Sayeret Mitkal

我被派到总参特种部队侦察营,在那里做了好长时间的副指挥官,参加了好几次军事行动。

起先,中央军区司令让我担任他军区下面一个营的营长。我两个星期前刚刚晋升为少校,他却让我干一个老中校

马腾营长讲解训练事项

的位置。这个时候,另一位将军让我去担任总参特种部队侦察营的副队长。我必须从中挑选一个,最后我还是决定去侦察营。中央军区司令对我说:如果你不来当我的营长,我会惩罚你的。你永远也当不了伞兵营的营长。因为他给我的位置是一个简单的常备营,而我是想指挥伞兵营,我就去找我的首长,问他:中央军区司令说的对吗?他有权这样做吗?他说他必须了解一下情况。他去找总参谋长咨询,总参谋长对他说:马腾想做什么就做什么,他可以挑选自己想做的职务。听到这话,我就安心了。我明确告诉中央军区司令,我不当他的营长,我要当侦察营副队长。

那时候我的首长是伞兵与步兵司令。多年后,我也成为了伞兵与步兵司令。那时候,我必须跟我的首长一起跳伞,他总是叫我跟他一起跳。我们有时间的时候就是星期五下午,我跟他跳了五六次。几年之后,他成为我们的总参谋长,是一位非常好的将军。

不久,我被任命为著名的890营的营长。我到任的第二天,我们营被派去驻扎到苏伊士运河北段。这时消耗战刚结束,以色列跟埃及之间已经达成了停火协议。苏伊士运河这里没有战火,但是我们必须时刻准备着,万一重新交火,战争又将开始。我们在这里驻扎了四个月。我们的体制是,前几个月在前线,后几个月受训,轮流进行。我们离开苏伊士运河回去受训,我的一个朋友和他的营接替了我们。我当营长两年,指挥了好几次军事行动,大部分行动是在黎巴嫩(参见附录2)。

中央军区参谋长
Staff Officer in the Central Command

这几次军事行动结束后,也没有什么休假的时间,我又被派到中央军区担任参谋长。这是我第一次在中央军区的指挥层面工作,负责犹地亚和撒玛利亚地区事务。以前追踪行动时,我是在前线工作,担任的是行动指挥官。成为参谋长,意味着我是军区的第三号人物,也是最年轻的军官。军区有一位少将,一位准将(少将的副官),接下来就是我。这是军区的最

第三章 从上尉到将军
From Captain to General

升任中央军区参谋长

高级别。我也是第一次了解在军队大型编制的意义。这里不是我过去工作的一个排，一个连，或者一个营。我在这里工作时，我们要处理很多犹地亚和撒玛利亚地区的问题，包括追踪行动区。我们在这里和敌人有过几次冲突，不过我不像以前是在前线，因为我现在是参谋长。我在这里工作了两年。

在这里工作期间，我终于有时间结婚了。我跟女朋友结婚了，她叫安娜，是我的结发之妻，也是我三个儿子的母亲。我们举办婚礼的时候，我请了一天假。第二天我就返回军区，首长问我：你去哪儿了？我回答说：我结婚了，办了一个婚礼。他说：以后你每结一次婚，就可以休一天假。当然，他这是跟我开玩笑呢，前一天他就在我的婚礼上。

以色列大使马腾将军谈话录
Conversation with General Matan Vilnai, Ambassador of Israel to China

> **预备旅最年轻的旅长**
> Youngest Commander of Reserved Brigade

在军区工作了两年之后,我就成了一个伞兵旅的旅长,是以色列国防军历史上最年轻的旅长,是预备役伞兵旅旅长。这是最好的一个预备役旅,因为所有的年轻人离开他们的常备旅之后,就会加入到预备役旅。这个旅非常有名,因为他们在六日战争中占领了耶路撒冷,在赎罪日战争中坐着橡皮艇穿越苏伊士运河。这个旅的一些士兵以前也在我的营服役过,所有的军官都比我年长。指挥他们对我来说是一个很大的挑战,因为在我还是一名年轻的伞兵时,他们每个人都已经是以色列的传奇人物,而现在由我来指挥他们。

作为旅长,参加一个营的训练,右一为马腾,右二为师长肖姆隆将军,1975年

第三章 从上尉到将军
From Captain to General

我们要吸取赎罪日战争中得到的教训，改变我们的整个训练体制。我们的士兵是预备役士兵，所以他们一年大部分时间在家，一年只需服役一个月，只是在这一个月里，整个旅真正发挥着一个旅的作用。虽然我们也需要为此做大量的准备工作，有时候好几个部门都需要到前线去，有些工作需要在训练场进行。虽然对士兵来说不是全职工作，但是对总部人员来说都是全职。这些工作做起来很有趣，不过总是觉得有做不完的事。

每个营都有训练。营长都是传奇人物，他们每一个都是以色列人敬仰的英雄。他们参加过很多战争，是这些战争的退役军人。跟他们打交道并不容易。我们给每个营安排了一系列的训练，一个接着一个。我们让他们坐上装甲运兵车，这是第一次给一个旅配备装甲运兵车。这是我们从1973年的赎罪日战争中得到的教训，必须尽量保证我们士兵的安全。

黎巴嫩边境发生一起恐怖事件。一批武装分子潜入我们边境上的一个城市基利亚特·谢莫纳，闯进一栋8层楼，杀害了好几个居民。他们从一家到另一家，进入一个个公寓去杀人。整个以色列社会都震惊了。总参谋长把我叫去，告诉我："马腾，我想让你去调查一下那里到底发生了什么。"我到了那里，待了两天，对参与基利亚特·谢莫纳这次行动的所有士兵和指挥官进行调查，了解这次事件是怎么发生的，武装分子是怎么进来的。

飞行训练回来，地面人员用滋水来迎接马腾

第一次进议会
First Time in Knesset

两天以后,以色列的传奇人物、国防部长摩西·达扬通知我,让我做好准备,去议会回答议员们提出的问题,因为他们有很多问题要问,他们特别想知道,在防范恐怖袭击方面,以色列国防军到底是怎么做的。

这是我第一次进议会,我是一名上校,就坐在摩西·达扬旁边,等待着回答议员们的问题。可是,议会认为不应该由我来调查此事,应该是由国防部来做,而不是我,因为我穿军装,不能代表部长。所以,那天我坐在议会什么话也没有说。这是我第一次感受政治机器在以色列是怎么运作的。那时我只有29岁,在军队服役了11年,军衔是上校,一名旅长。

马腾荣升上校庆祝活动

荣升上校，左为中央军区司令，右为总参谋长

常备旅旅长
Commander of A Regular Brigade

一天，总参谋长把我叫去，告诉我，我要指挥一个常备旅了。有三个人竞争这个位子，我们三个人都相互熟悉，彼此还是朋友。最后，总参决定任命我为常备旅的旅长。对我来说，这当然是一种很高的荣誉。可是预备旅力量强，士兵都很有经验，所以我觉得预备旅比常备旅更好，常备旅的士兵都是兵娃子。总参谋长以前在我的预备旅当过旅长。我对他说我得想想。他说："你不用想，很显然，你应该指挥常备旅。"

就这样，我到了常备旅，我们又开始驻扎在苏伊士运河。此时赎罪日战争已经结束一年了。这个旅还在这里驻守、训练，守护着这条边境线。在以色列与埃及签订和平协议之前，我们每天面对着运河那边的埃及士兵。这期间，我们发动过几次军事行动，驻扎在西奈半岛，面对着埃及军队，因为他们随时有可能发动战争，所以我们一直保持着高度的战备状态。

恩德培救援行动
Entebbe Operation

就是在当旅长期间，我作为副总指挥参与了震惊世界的恩德培救援行动。

巴勒斯坦武装组织意识到，针对以色列国内发动袭击已经变得越来越难了，因为以色列做好了充分准备，知道怎么在边境上和居民区打击袭击活动。所以他们决定在以色列之外，在欧洲和世界其他地方发动针对以色列人的袭击。他们认为自己最成功的行动就是1973年在赎罪日即将到来时，他们在慕尼黑的奥林匹克村杀死了11名参加奥运会的以色列优秀运动员，包括以色列的奥运冠军。他们就在光天化日之下杀死了这些运动员。德国人虽然尽了最大努力营救这些运动员，可是没有成功。那时候的以色列还没有能够对付海外恐怖袭击的能力。这已经成为我们的一大问题。武装分子开始在海外袭击以色列人。

其中一个最引人注目的活动，就是1976年6月27日星期天劫持从以色列本古里安机场起飞前往巴黎的法航。该航班中途在雅典停留时，上来了4名伪装成普通乘客的武装分子。飞机一起飞，他们就劫持了这架飞机，胁迫飞机飞到了利比亚，又从利比亚飞到恩德培。恩德培位于非洲中部，是乌干达首都旁边的一个城市。

为了向以色列政府要求释放被关押在以色列的40名武装分子和关押

被劫持的法航班机

在其他国家的另外13名他们的人员，武装分子在恩德培机场释放了所有非以色列公民，扣留了105名以色列乘客和12名机组人员。他们把7月1日星期四下午2点定为最后期限，如果以色列政府在这之前没有满足他们的要求，他们将杀害所有的人质。

i 计划行动

我从没有听说过恩德培这个地方。此时我是伞兵旅旅长，我们的部队驻扎在戈兰高地，面对的是叙利亚军队。我听说发生劫机事件后，马上打开地图，找到了恩德培，用尺子量了一下以色列到恩德培的距离，然后给空军的朋友打电话，问他们是否能飞到恩德培。他们都笑我，说怎么可能，没人想飞到那里去。唯一能飞到恩德培的是重型军用运输机C-130大力神。

负责特种部队的伞兵与步兵司令肖姆隆将军给我打电话："马腾，我们要计划一个行动，把我们的人救回来。现在我们还没有得到批准，但是我们要开始做好一切准备。"于是我们就开始着手准备我们的救援计划了。人质星期天早上在雅典被扣押了，经过利比亚再到恩德培，已经是星期二了。以色列政府正在尽最大的努力，试图通过外交渠道解决这一问题。为了赢得更多的时间，以色列政府表示，会考虑武装分子提出的要求。听到这一消息后，劫机者同意把最后期限推迟到7月4日星期天的中午。

7月1日星期四晚上，我们得到第一份情报资料后，就开始着手制定救援行动计划。通常情况下，这样的行动至少需要计划和准备几个月，而我们只有短短的几天时间。等我们有了一个大概的救援计划后，立即赶往在特拉维夫的总参谋部，向拉宾总理汇报，那时已经是半夜时分。我们向拉宾总理提交计划之后，他考虑了一会，对我们说："不行，你们不能这样做，这太危险了。你们必须重新做一个计划。"他绝对是对的。他说，他还是要尽量通过外交渠道解决这场人质危机。就在我们向他汇报时，总部外边站着一群人质的家属，他们的情绪非常激动，高声

叫喊着：快把我们的孩子救回来，那些人要什么，就给他们什么，赶快解决这件事！

我们的行动计划是控制整个恩德培机场，然后将人质带出机场的航站楼，把他们安全运回以色列。7月1日（星期四）到7月2日（星期五）早上2-3点钟，我们开始组织我们的行动人员，特种部队的任务是解救人质，由约尼·内塔尼亚胡负责指挥。同时，我们需要保证周边的安全，需要精心组织好，把我们的行动人员运送过去。还需要为飞机加油，因为任务需要两天，而他们只能飞一个单程，返回前，我们的飞机必须加油。为此我们还需要一个加油泵。这一切的安排都很不容易，要知道，单是我们的飞机飞去和飞回就不是一件简单的事。

7月2日星期五早上，我们发出第一道命令。中午正在演习时，拉宾总理又打电话，问我们准备得怎么样了。我们前往总理办公室，向他递交了新的营救计划。他看了以后说可以，他会讨论研究一下，再决定是否采取救援行动。我们的计划是动用4架运输机，偷袭恩德培机场，在跑道没有灯光的条件下强行着陆。所以，我们的情报信息非常重要。可

参与人质营救的以色列空军c-130机组

恩德培机场旧航站楼

是，事实上我们手头并没有什么情报，只有从到过机场的媒体报道里能看到一些。幸好我们知道这座航站楼，是因为一家以色列公司许多年以前建的这个机场。我们没有足够的时间做准备。为了能够开展这次救援行动，我们需要准确的信息，比如这扇门到底往哪边开，这些信息对我们来说都非常需要，因为我们必须考虑到每一个最微小的细节，这样才能增加救援行动成功的把握性。可是我们没有这些信息，所以我们只能尽力去搜集。星期五晚上，我们进行了一次演习，结果简直是一团糟。不过犹太人有一个老说法，特殊行动之前，如果演习做得不好，实际行动一定会成功。虽然这个说法没什么道理，我们还是信这个。

演习之后，总参谋长召集所有参加恩德培救援行动的高级军官开会。他问每一个人，这次行动的胜负概率是多少，有些人回答30:70，有人回答40:60。我给的最高，我说是50:50。说实话，对于这次行动能否成功，我们都很怀疑，大部分军官认为，这次行动的结果会是一场灾难。

星期五晚上到星期六凌晨，我们进行了最后一次演习后，我回家去睡了一会儿觉，因为星期六早上我们就要出发去恩德培了。我到家时，妻子安娜还没睡。看到我回来，她很焦急地问我："我在电视上看到我们的人质被劫持到恩德培，周围都是炸药和武装分子。他们怎么办？"我对她说："我们做不了什么。"我们的行动必须绝对保密，所以，即便是对我的妻子，我也不能透露一丝风声。我只睡了三个小时后就离开家了。安娜跟她的朋友聊天，她朋友的丈夫跟我在一起，也是一位军官，正准备去恩德培。她们相互问彼此，知道不知道丈夫为什么不回家，她们还开玩笑说，他们不回来，说不定是去恩德培了。说完，她们都笑了，因为知道这只是开玩笑的。她们没有当真。

如果我们不采取行动来解救人质，不知道等待人质的会是怎样的结果。时间每过一天，对他们来说危险就来得早了一天。劫机分子给以色列的最后期限是7月4日星期天中午，每过一个小时，他们就杀害2名人质。所以我们必须加快行动，在星期天早上赶到恩德培机场。这就是我们的任务。我们必须7月3日星期六中午从本—古里安机场起飞，飞到恩德培需要7个小时。

ii 我成为副总指挥官

7月3日星期六早上，我们给行动人员发出最后一道命令，从本—古里安机场出发。星期六是犹太人的安息日，任何的行动都会引起人们的注意，更不用说把大批士兵从一个地方运送到另一个地方，所以我们需要一个特殊的计划来安排人员的调动，怎么才能把士兵秘密运到本—古里安机场。所有的指挥人员都在。最后一次开会是由副总参谋长主持的，因为总参谋长当时正在内阁讨论这次行动计划。开会时，一位军官问：如果总指挥肖姆隆出事的话，由谁来接替他？副总参谋长看了看身边站着的军官们，说道："马腾，你来。"就在这最后的一刻钟，我成为了这次救援行动的副总指挥。

iii 起飞

我们必须中午12点从本—古里安机场起飞,才能在下午4点准时离开位于西奈的沙姆沙伊赫,这样可以保证我们的飞机半夜11点到达恩德培机场。我们就是这么做的。我们到了沙姆沙伊赫,这里如今是由埃及人控制的,但是我们在六日战争期间控制了这里。我们还没有得到可以起飞的命令。最后我们总算得到通知,可以起飞了。不过,与此同时,内阁还在激烈争论中。我们要飞到一个点,到那里再等待高层

最后的决定:是飞到恩德培,还是返回以色列。当然,在我们飞到这个点之前,他们就会通知我们到底飞向哪里。

飞到恩德培需要7个小时的时间,而我从来还没有飞这么长时间过,以往我都是短途飞行,然后跳伞。我也很少坐运输机直接降落地面,我一直都是从飞机上面跳伞下来的。对我来说,这是一次全新的经历。

iv 约尼·内塔尼亚胡

约尼是我们这次救援行动中的特种部队指挥,负责解救航站楼里的人质。他比我小一岁,1945年出生。我们住在同一个社区,上的同一所学校。我们的父亲都是耶路撒冷的教授。他的大弟弟就是现在的以色列总理内塔尼亚胡。我和约尼是朋友,一起在军队服役。是我建议他去的这个特种部队。他那时候从美国读完书回来,想重新回部队,征询我的意见,我建议他去总参特种部队侦察营,之后他成为这

支部队的队长。我以前也在这个特种部队待过。

约尼的最后一晚是跟我睡在一起的。飞机上有一张小床,是给飞行员倒休时用的。床很窄,不到1米宽,在一个角落里,上边铺着棉垫子。我们两人全副武装,一起倒头便睡。因为前两天的准备和演习太累了,我们已经两天没有合眼了。我们俩挤着睡在这张小床上时,倒休的飞行员过来想睡一会儿,看到我们躺在床上休息,他马上拉上帘子走开了。我以前总是说,约尼的最后一晚是跟我一起睡的,全副武装。

约尼·内塔尼亚胡

v 在恩德培机场降落

我们有4架运输机飞往恩德培。4架飞机一起进入机场会非常可疑,所以我们决定一架先降落,另外三架飞机在空中盘旋,然后依次降落。第一架运输机上载着我的部队和约尼的部队。约尼的士兵坐在黑色的奔驰车和2辆吉普车里。我们是想伪装成乌干达总统伊迪·阿明的小型车队,这样可以唬住机场的士兵。我们这架运输机里有总指挥肖姆隆,我和约尼,还有几个比我们军衔低的军官。

我们飞到了恩德培机场，看到跑道上的灯都亮着，至今我们都不明白为什么那些灯都亮着。机场指挥塔的工作人员开始用糟糕的英语问我们飞行员："你们是谁？来干什么？"我们的飞行员是一名上校，他开始回答他们。我们都坐在舱内，机舱很小，我们给他建议怎么回答。可是他并不理我们，关了舱门，把飞机开向跑道。这时指挥塔上有人在喊叫，我们的飞行员通过无线通讯回答他们。然后我们就降落了，开始在跑道上滑行。

vi 军用信号灯

我们在计划这次行动时，考虑到了一种情况，那就是我们降落后，跑道上的灯会被灭掉。所以我们有8名士兵拿着小型的充满电的信号灯，当飞机滑行时，他们从飞机的两边跳下，把信号灯放在跑道上。这8名士兵都来自我们旅的特种部队，他们是到达恩德培机场地面的首批以色列士兵。我站在机舱门口，看着他们一个个跳下，跟平时的跳伞训练一样，跳下时有一个红灯闪一下，接着一个绿灯闪一下。他们跳下后，迅速把信号灯沿着跑道依次放好。

第二架运输机要降落时，正像我们事先猜到的那样，跑道上所有的灯全都熄灭了。不过，飞行员看到了跑道两边的8盏信号灯，知道从这里还有1.5公里可以滑行。他们就这么安全降落了，后边的两架飞机也看着信号灯依次降落了。

vii 袭击

我们下了飞机，约尼的部队开着两辆吉普和一辆奔驰直奔老航站楼。我的部队奔向新航站楼，因为我们不确定得到的情报是否准确，也许人质被关在新航站楼。我们还有任务就是保护周边的安全，并为4架飞机加油。我们自己带来一个加油泵，以方便加油。同一时间，约尼的队伍在老航站楼解救人质。我们准备好了给飞机加油。有几个乌干达士兵突然出现在周围，我的一个士兵被他们开枪击中了，受了重伤，至今

以色列大使马腾将军谈话录
Conversation with General Matan
Vilnai, Ambassador of Israel to China

他还坐在轮椅上。最后一刻，我们得到命令可以在内罗毕加油。我是第一个到达，最后一个离开这里的。

离开恩德培机场之前，我得决定怎么处理加油泵。这个泵体积挺大，需要三四个小车拖着走，那是向空军借来的。还有一个推车是我们旅的。最后我决定，留下泵，带走推车。我们回到以色列之后，空军司令听说我没有把他们的泵带回来，非常生气，他怒气冲冲地对我说："马腾，你知道那个加油泵值多少钱吗？50万美金！用这50万，我可以买50个你这样的推车！"我回答他："可是这推车是我的。"

viii 内罗毕机场

我们飞到内罗毕机场，在这里稍事修整，伤员可以得到救治。约尼已经在救援行动中牺牲了。我们在这里建了一个临时的野战医院，有我们最好的医生，是其中一架飞机一起运送过来的，这也是我们救援行动计划的一部分。我们的飞机一落地，他们就开始救治这次行动中负伤的

恩德培救援行动返回到以色列机场，右一为马腾

官兵。在内罗毕，我们有充足的时间休息、加油，然后返回以色列。7个小时后我们飞到了本—古里安机场。上面这张图片就是我们返回本—古里安机场后照的。

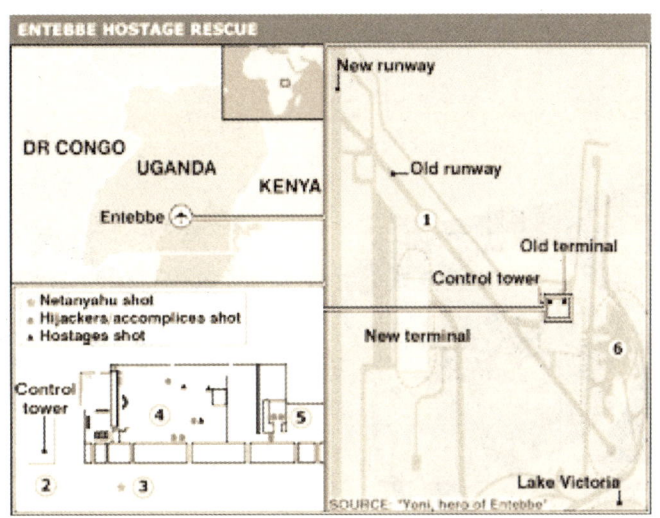

恩德培机场示意图

ix 返回以色列

在我们返回的途中，以色列国内就传言有个高级军官牺牲了，是一位住在耶路撒冷的教授的儿子。那时他们还搞不清到底是我还是约尼，因为我们两个都来自耶路撒冷，父亲都是教授。

胜利返回时，我们受到了以色列人民的热烈欢迎。参加这次行动的士兵们从机场直接回到了他们的部队。

我的妻子还不知道我去恩德培机场解救人质了。两天之后，她听新闻才知道，我们把人质救回来了。

此次行动的成功对整个世界都具有积极的意义。美国加利福尼亚曾经有一组由四幅画组成的卡通画，上面画着以色列士兵，文字写着：美国不要害怕，以色列是你们的后盾。我们回到本—古里安机场时，7月4日，正是美国的国庆日。在美国纽约哈德逊河上有一个大型的庆祝活动,我们以色列海军的三四艘舰船穿越大西洋前去参加他们的活动。

我们成了世界英雄,连着好几周都被人们热烈地谈论着,真的令人难以置信!此次行动最重要的是,那些制造事端的人应当明白,无论他们在哪里,我们都会找到他们。对他们,对我们,都有很重要的教训。

安全返回的以色列人质

军官学校校长和预备役旅长
Commander of Officers' School and Commander of Reserved Brigade

i 建立新的编队

经历了恩德培救援人质行动之后,我被任命为军官学校的校长,这是以色列国防军的第一个培训基地。同时我还是伞兵预备旅的旅长。我们决定要为以色列国防军地面部队开创新的局面。那时候我们从与埃及军队的交战中学习到的教训之一就是,要组建自己的装甲编队。战后,以色列国防军的规模扩大了,我们成功组建了自己的装甲部队,我们有了10个师。现在我们只有一半。

我们相信不能仅有装甲师,我们还必须有能力用轻型武器从一个

马腾师长在戈兰高地，向美国将军讲解以色列在戈兰高地的局势

地方转移到另一个地方，用轻型武器火箭弹消灭对方的坦克，因为我们看到在赎罪日战争中，反坦克导弹已经被证明很有效。我们吸取这一教训，开始使用美式导弹，至今美式导弹还是世界上最好的。我们相信我们可以用直升机、吉普车、运输机这样的可移动设备发射导弹，组建这样的编队。我们的这种思维方式也为恩德培救援行动奠定了基础。

当我们开始建立这种新型的编队时，总参和总参谋长都反对我们，但是我们还是决定必须做。经过长时间的争论，最后我们还是说服了他们，好几次向他们展示我们的能力，我们可以对抗坦克，我们也确信我们能击中敌人的坦克。终于我们成功组建了新的编队。

我任军官学校校长的同时，也在组建新编队。我把时间分摊给军校和部队。军校在内盖夫沙漠里，我们的新编队就在它旁边，这对我来说非常方便，从一个地方到另一个地方不需要花太多时间，可以分别解决不同的问题。

ii 老地雷炸了我的副官

我们在训练期间,我妻子安娜生了我们的二儿子。他出生8天时有一个割礼仪式。我们家住在以色列南部。我必须回家去参加这个仪式,所以我对副官说:"我得回家参加我们老二的割礼,你来继续指挥训练,你们可以去那儿训练。"然后我驱车不到两小时回到贝尔谢巴。仪式刚举行完,我就接到一个电话,我的吉普车被地雷炸了,替我值班的副官被炸死了,其他军官都受重伤。这次事故完全是一个意外。我马上赶到他们住的贝尔谢巴医院。我的副官是我们旅的一名营长,他人很好。我的另一名副官受了重伤,我在医院见到他,他告诉我发生的事。我吃了一惊,马上开车回到训练总部。我告诉我的部队,我们还要接着训练,不能因为出了这个事故就就此止步。

那个地雷是老地雷,是20多年前埋在这里的。我们有一个特别档案记录了所有埋过的地雷。我们属于南方军区,所以我去南方军区的档案馆查看,发现档案里记载,这些老地雷是1956年西奈战争结束之后埋在绿色边境线上的地雷,我那时候才12岁。

结束军官学校校长工作之后,我就去国防大学学习了。这个大学关闭了几年,刚刚开放。去这里学习的军官,都要经过严格的筛选,只有合格的人员才能在大学刚开放这一年进国防大学学习。这个大学位于特拉维夫,离指挥参谋学院很近,10年前,我曾在那里学习过。国防大学是以色列国防部的最高级别学府,不过普通公民也可以在这里学习,比如情报部门的学员、外交部门的学员,以及其他部委的学员。我们班的学生有20名,我是年龄最小的。我们班有军官,其中一些是我曾经的首长,还有普通公民。我在这里学习了一年,学习的同时,我还继续指挥那个新的旅。我是班上唯一一个在学习的同时,还要指挥一个旅的军官学员。在这一年学习期间,我离开过好几次,因为我需要回到部队去指挥我们旅的训练,还有组建新的编队。

第三章 从上尉到将军
From Captain to General

准　将
1-Star General

我在国防大学学习结束后，被升为准将，这年我34岁，是以色列国防军历史上最年轻的将军。我开始担任步兵和伞兵司令。恩德培救援行动的总指挥肖姆隆将军当时就是步兵和伞兵司令。我在以色列国防军总参负责全部的特别行动和反恐行动。我在这里工作了三年。

1978年8月，我开始担任步兵和伞兵司令。这一年的12月，我突然生了一场大病，脑子里被发现长了一个肿瘤，但还不至于致命。由我们最好的医生给我做了手术。这已经是38年前的事情了。休养了6个月后，我又返回到工作岗位上。当时我的手术非常难做，后遗症问题也有很多，所以我必须展示我有能力继续工作。不过我的身体还很虚弱。很多同事对我说：马腾，你不能接着干了。他们想接替我，这一点我很明

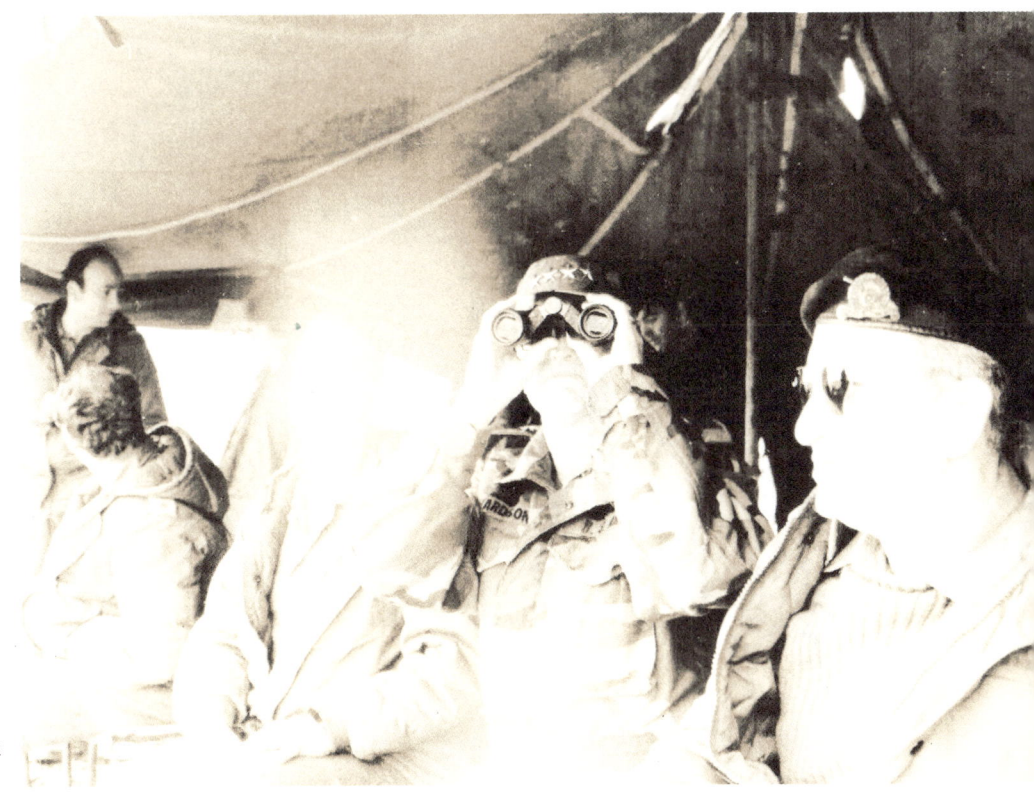

马腾与美国将军在一起

白。周边总能听到各种传言,因为我最年轻,在哪儿都是第一名。这些嫉妒我的人不是我的士兵,士兵们对我都很好,嫉妒我的是我的同事。

装甲课程
Armor Course

担任步兵和伞兵司令一职三年之后,我被安排担任装甲师师长。我当时就提出:我过去一直是在伞兵部队,现在我需要学习装甲兵的知识。虽然我已经是准将,我还是决定去学习,从头学习有关坦克的知识,学习怎么指挥一个小型坦克编队,一个排,一个连,等等。这些学习任务是在装甲团完成的,为期一年。我跟年轻的士兵们一起,虽然我是一名将军,他们是普通的士兵,或是坦克指挥、排长等,但是,既然是学习,就没有官兵之分,我就是他们当中的一员。这次经历

马腾师长在一次沙漠里的训练仪式上,有军乐队

第三章 从上尉到将军
From Captain to General

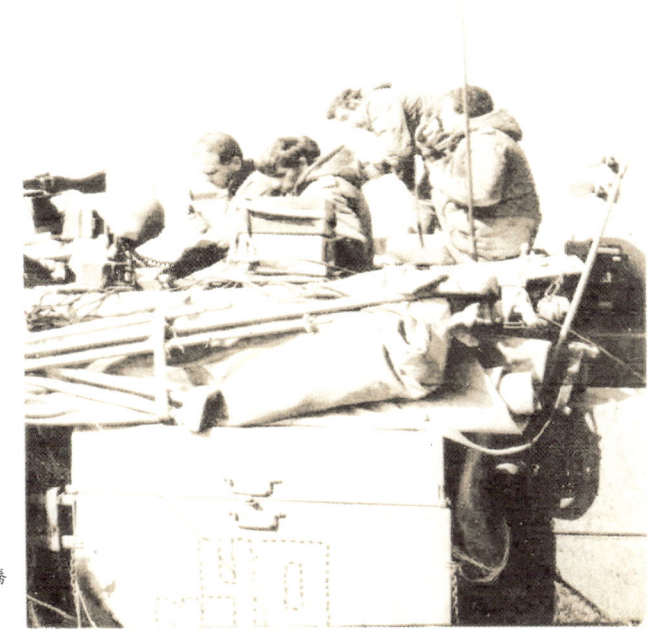

数字40显示这是马腾师长的装甲运兵车，1982年

很美好，我感觉自己好像又回到了在890营当士兵的年代。我在这里学会了驾驶和射击，也学会了怎样维修坦克。我看起来完全就像一名年轻的士兵。

在装甲师学习期间，我们总有竞赛，看谁是最好的坦克。一个是以色列坦克莫克瓦（Merkva），一个是美国坦克派腾（Paton），这两个总是在竞争。我记得一次半夜，我们有一个射击的比赛，我正好是莫克瓦一方的射击手。指挥问我们谁是射击手，我们回答："马腾！"指挥说："不行，你们得把他换了，他是伞兵，不是装甲兵。"我对他们说："不行，我必须做这个射击手，谁也不许换我。"我坐在射击手的位置上，开始操作。那天晚上的训练，射程是6公里，距离很远，几乎什么也看不清。派腾一方的射击手是派腾旅的一位最优秀的连长。我们

开始射击了,我一下就打中了目标,而他打了6到8发才击中。我记得这件事是因为他们那一次想换掉我,而我坚持要当射击手。我的师驻扎在戈兰高地时,在这里学习的这些人都成为了我手下的指挥官。戈兰高地是我们边境线上最危险的地方。我们是以色列国防军最好的装甲师,有最好的坦克,还有最优秀的军官和士兵。

我在戈兰高地指挥了两年,之后我的师去了黎巴嫩,我们在黎巴嫩打仗。我在贝鲁特当了6个月的"市长"(附录2)。两年之后,我的一个朋友接替了我,做了这个师的师长,我前往哈佛大学去学习了。

哈佛大学
Harvard University

我们一家人一起飞往波士顿,开始我在哈佛大学一年的学习生活。这是第一次我们家人生活在一起。我们有两个孩子,我也开始有时间管他们。我在哈佛学习战略关系,住在家里。过去我从没有在家里住过。我也是在这里第一次有时间去孩子的学校,是在波士顿,不是在耶路撒冷。我去参加学校的家长会,老师给我们讲孩子在学校的表现。在以色列我从没有时间做这些。我们在波士顿度过了美好的一年。我们的系主任是非常有名的美国人塞缪尔·亨廷顿,他是《文明的冲突和世界秩序的重建》的作者。我那时候总是经常跟他聊天,一聊就是好长时间,我们无所不谈。

第四章　少将（1985-1998）
Major General

马腾少将

人事部部长
Head of Manpower and Personnel

我在哈佛大学学习了一年,于1985年夏天回到以色列,回来后就被升为少将,担任以色列国防军总参人事部部长。这实际上是我第一次在位于特拉维夫的总参担任职务。人事部部长这个职位非常重要,因为人力是决定我们军事实力的真正秘密。我们是世界上一支与众不同的军队,我们有最优秀的士兵,同时也有没有任何经验的新兵。我们必须使他们成为好士兵。这就是以色列国防军人事部门的一个首要任务。

担任人事部部长时与总参谋长拉宾一起

根据以色列特别法的规定,新兵必须服役3年。成为军官后,必须再多服役一年。一年结束之后,可以离开部队。如果想在部队多干几年,需要做一个特殊的申请,几年之后就可以升为连长,继续在部队的不同职位任职。我们存在的主要问题是,年轻的军官不愿意待在军队,他们会选择申请一个短期的服役,担任连长,这个职位还比较吸引人,也很重要。结束之后,他们选择回家。我们必须

第四章 少将
Major General

担任人事部部长
时参加一个仪式

有一种办法，让这些优秀的士兵能够留下来服役更长的时间，这是一个非常关键的任务。我刚上任时，就意识到我们确实存在这个人才危机。第一个问题就是要让大家明白，我们确实存在问题。将军们希望说没有什么问题存在，可是我们真的是有问题。我花了好几个月才搞清楚我们的这个问题还不小。

一次开全体将军例会，我对将军同事们说："我们现在很难招到愿意长期服役的年轻军官，我们真的有这问题。"他们都不同意我的看法："马腾，你太夸张了。这不是什么问题。我们可以解决。只是近期出现问题，时间长了就不存在这个问题了。"我得亲自找总参谋长谈这个问题，也找国防部长拉宾谈。我告诉他们，我认为根据我的理解，我们存在一个很大的危机。我们需要一个现行的计划，怎么让中尉和上尉级别的年轻军官在军队多服役几年。这些人是以色列国防军战斗部队的核心力量。我向政府提交了一个特

073

殊预算，因为解决这个问题需要的不仅仅是支付这些年轻军官的工资，还需要给他们比工资更多的待遇。

给军官提供较好的条件
Better conditions for Officers

以色列社会都认为优秀的军官应该留在部队。我们的习惯是让最优秀的军官尽可能长的留在部分服役。我们从不谈钱，从不谈工资待遇。最重要的是为国家服役。为了以色列国能够强大，我们必须在国防军服役，包括各种形式的兵役。

这么多年过去了，以色列社会变了很多，人们开始变得比过去更注重物质了。我们得给年轻的军官提供更好的条件，不仅是他们的工资，还需要更多的待遇。以色列公众非常敬佩国防军，对他们都有好感。我们开始讨论他们的服役条件。首先我们将军级的军官们对此就看法不一，而我们都是一起长大的。我们一般习惯说，服役是我们生活的主要使命。而要是一谈到钱或服役条件，大家就会感到太不正常了。可是为了应对危机，我们必须有创新。问题不仅是工资，还有更多条件。然后我们意识到上大学是一个很重要的因素。一般军官不会被送去上大学，他们都是待在部队指挥自己的队伍，必须在野外，必须在前线。需要很长时间大家才能明白，光让年轻军官们指挥队伍是不够的，所以我决定送他们去学习。

不过，实施这一计划需要很多钱，因为除了上学期间要付工资外，还要找一个替代这名军官的其他军官。替代军官的工资也需要支付，而且也要送他去学习。所以这样一来，就需要增加很大一笔国防预算。我们必须把这些纳入国防预算里，包括工资和前线军官的特殊待遇。

但是在短时间内，大家对于这个问题很难达成共识。记得一次我向国防部长提交了计划，他说："我当总参谋长的时候，情况跟这完全不同啊。"他的话让我想起他担任总参谋长时候，我还只是伞兵里一名年轻的军官。好像我们现在谈的就是我们当时的情况。这样，我们的交流

第四章 少将
Major General

作为国防军人事部长视察空军后勤部门

就有了一个很好的切入点。我们一起讨论起来，听他谈作为前总参谋长的往事，听我讲过去作为年轻军官的感受和看法，这一切多有趣啊！最后，我终于说服他同意为这一特殊计划提供资金保障，这样我们的年轻军官们就能继续在部队服役了。这就是我在总参当人事部部长时完成的一个主要的工作任务，当然我还有其他每天要做的事情。现在我们的军官们都有这些好的条件，那是因为我们1985年就开始着手为他们安排了。

我们开始把前线作战部队的年轻军官送到大学去学习。他们可以选自己想读的任何专业，部队为他们付学费，并提供他们能安心学习的一切条件。这是我们体制的一大改变。为年轻军官以及以色列国防军所有现役的和预备役的军人解决问题，不是阵地上的问题，而是其他方面的问题。这一任务非常具有挑战性，不过我很享受在这一职位上所做的一切工作。

以色列大使马腾将军谈话录
Conversation with General Matan
Vilnai, Ambassador of Israel to China

军事行动中的失踪人员
MIAs

我的另一个工作内容是解决军事行动中失踪人员的问题。我们在黎巴嫩战争中有好几个失踪的士兵，那时候我是师长，我得应对他们的家人。因为这些失踪人员的家人还健在，处理失踪人员问题的工作很微妙。伤疤始终存在。我记得我跟国防部长拉宾长时间地讨论和开会，他总是花很长时间跟这些失踪人员家属待在一起，跟他们亲切谈话，跟他们讨论。我从他那里学到，身为最高指挥，应该怎么跟老百姓打交道。这是我学到的很重要的一课。

1985年10月，我们的一架飞机在黎巴嫩被击落，两名飞行员跳伞，一名被我们的特种飞行部队救回，一名落入真主党武装手里。这件事发生时，我正好不在总参，我在以色列南部。他们叫我赶紧回来，我坐上一架直升机飞到特拉维夫总参。部长叫我马上过去。我进到他的办公室，看到失踪飞行员的父母、家人已经坐在那里了。我们相互认识之

马腾手持地图在沙漠里训练

第四章 少将
Major General

南方军区司令马腾测试武器

后，我告诉他们我来负责这件事，我会跟他们联络。之后我们每周见一次面，向他们通报寻找他们儿子的进展情况。

根据国防部长的指示，我们试图发动几次军事行动，想把真主党武装的头目抓住，以便换回我们的飞行员。有两次很危险的行动，我们在黎巴嫩南部抓获了两名真主党领袖，并带回以色列，为了跟真主党武装交换我们的飞行员。我们也花钱给一些人，他们说可以帮我们救回我们的飞行员。所有的这些努力最终都失败了。至今我们都不知道这名飞行员到底在哪儿。对我们来说，他失踪了。真主党武装声称，我们在袭击他们黎巴嫩基地时，我们的飞行员被我们自己炸死了，但是我们不相信他们这一说法。

实际情况是，1985年10月，这名飞行员从飞机上弹出后，从此就消失了，虽然我们尽了最大努力去救他，但是还是没有把他成功救回。我们知道这是我们体制上的一次失败。很显然他落入敌人手中，失踪了这么多年。至今关于他的消息我们还是一无所知。

失踪人员的家人坚信以色列想做什么，就可以做到。他们也坚信，如果他们的儿子发生什么事，我们会把他救回来的。可是31年过去了，我们还没有救回他。这太令人难过了！我跟这个家庭交往了很多年。期间他的妈妈去世了，他的妻子人很好，他们还有一个女儿。开始时，女孩只有两岁大，坐在我的办公桌上，在我的办公室到处爬。

我们还有其他几个这样的家庭，我跟他们经常见面，尽最大能力帮助他们。这也是我在特拉维夫总参担任人事部部长时负责的一项工作。

南方军区司令
Commander of the Southern Command

担任人事部长四年之后，我被任命为南方军区司令，负责以色列60%的国土面积安全，分别有跟埃及、约旦河、加沙地带接壤的边境。在加沙地带的主要挑战是应对阿拉伯暴动。我刚上任，在1989年7月的就职仪式上，就收到一张条子，上面写

作为南方军区司令，接待前来考察的拉宾总理，几个月之后，拉宾遇刺身亡

第四章 少将
Major General

作为南方军区司令，与总参谋长肖姆隆一起观看装甲训练，1991年

着：加沙的一个难民营里发生冲突了。仪式一结束，我就坐了一架直升机飞到加沙，去看看到底发生了什么事。这是我第一次作为司令来解决地面出现的问题。我到了之后，立即向我们的军官和士兵了解情况，看看需要做什么，我全权负责。从那天开始，我就在这一职位上工作了5年3个月，是南方军区司令里在加沙工作时间最长的一位。

同时属于我们辖区的还有跟埃及和跟约旦之间长长的边境。我们跟约旦那边的巴勒斯坦武装分子有过几次冲突，他们从约旦境内向我们发动袭击。巴勒斯坦人想方设法从约旦潜入我们境内，虽然约旦尽力阻止他们。他们埋伏袭击了我们的两辆大巴，这两辆车从以色列南部埃拉特向北开，在经过沙漠的路上，遭到了他们的袭击。5名武装分子袭击两辆车，幸运的是，车上的乘客都是以色列士兵，他们正在回家的路上，所以他们马上拿起武器反击，很快就消灭了武装分子。我担任南方军区司令的时候，我们边境上的状况每天都是如此。

与约旦和谈
Peace Ceremony with Jordan

1994年10月,我们与约旦达成和平协议。这之前,国防部长拉宾叫我过去,告诉我很快我们将与约旦和平相处了,我们必须划出我们两国的边境线。要找出以色列和约旦之间的准确边境线并不容易,因为战争打了这么多年,爆发的冲突很多,边境线也移动了很多。现在因为要和谈,我们必须准确划出边境线。我们的专家和约旦的专家联手划出了我们之间的最终边境线。

一天,我见到一位约旦将军。作为以色列将军,我是第一个与约旦将军见面的。我们坐在以色列与约旦边境上的一个哨所里。沙漠里有很多非常大的椰子树,我们坐在一棵椰子树下的树荫里,商量边境线和和平仪式怎么举行。美国总统、约旦国王,还有以色列总理拉宾都会出席这个仪式。我们第一次坐下跟约旦人和谈,而不是跟他们打仗。我们谈好了一切,就在边境上举行一个大型仪式,仪式的场地一半面积是在以色列,另一半面积是在约旦。坐在那里会谈时,我总感觉很奇怪,也不真实,我一直都是在这里打仗,也从这里潜入敌区侦查过。

马腾与约旦将军见面商讨和平协议签署仪式

第四章 少将
Major General

这张图片就是在那次仪式上拍的。他是一位约旦将军，后来成为约旦军队的总参谋长。我们准备仪式时，必须决定礼炮顺序。有6个以色列礼炮，6个约旦礼炮。我们是一个上尉负责我们这边的礼炮，约旦那边是一个参谋军士负责。由双方的指挥官决定怎么协调。他们想出一个好办法，把分开的两组电池组成一个大电池，里边一组是以色列的，一组是约旦的，然后按顺序依次发射。我发现，有时候他们底层人员反而比我们高层的办法更好，这就是一个很好的例子。这种感觉很奇妙，早上他们还是敌人，总是互相发射炮弹，下午就友好地坐在一起了。如果你把合适的人放在合适的位置，他就能解决好问题，这对我来说是一次很好的学习经验。虽然这次是一件小事，不过小事也可能会发展成大问题的。

以色列与约旦举行和平协议签约仪式

以色列大使马腾将军谈话录
Conversation with General Matan Vilnai, Ambassador of Israel to China

与约旦签署和平协议仪式上双方的军官

> **佩 特 拉**
> Petra

约旦境内有一个著名的景点叫佩特拉，是几千年前以东帝国的古城。以色列人对此非常向往，在他们眼里，那是一个神奇的地方。在过去双方冲突的时期，一些以色列的年轻人总是设法去佩特拉，冒着生命危险也要去看看。他们一般会在晚上偷偷穿越边境，大多数时候，他们都是被号称"沙漠之王"的贝都因人打死了。与约旦达成和平协议后，我在约旦方的陪同下白天参观过这里，有导游给我讲解，告诉我很多关于佩特拉的故事，这些故事我小时候经常听我父亲讲过。

我记得上世纪50年代一个晚上，我和父亲两个人在家。有5个年轻人，3男2女，来找我父亲，他们说："给我们讲讲佩特拉吧。为了回馈您，我们有半块巧克力蛋糕给你们。"这是1952年的事。我们拿了他们的蛋糕，我父亲开始给他们讲佩特拉的故事。这些故事我早已记得滚瓜烂熟了，我坐在幻灯机旁给他们放幻灯，给他们看佩特拉的图片。我父亲在英国托管时期，以色列还没建国之前，去过佩特拉很多次。他是走

第四章 少将
Major General

着去的，对那儿特别熟悉。这几个年轻人听了讲座之后，心满意足地告别了。几个月后，我们听说，他们5个人在去佩特拉的路上被杀死了。我父亲震惊了，他简直不敢相信会发生这样的事。这几个人只是出于好奇，想去佩特拉，半路上被贝都因人发现了，然后杀了他们。贝都因人居住在沙漠里，他们特别会看脚印，知道哪里有活动的脚印。我们有贝都因士兵在追踪行动中跟随恐怖分子的脚印。这里的贝都因人是约旦境内的。

我在担任连长那会儿，经常带领一个分队去边境那边侦查。我讲过的一个侦查约旦境内营地的行动就是其中之一。另一个侦查行动就是在佩特拉地区，晚上我带领巡逻兵前往佩特拉，这是我第一次晚上近距离观察佩特拉。现在，我由一名约旦将军陪同，白天参观佩特拉，那种感觉真的大不一样。

副总参谋长
Second in Command

埃及边境上我们没有问题，因为我们已经与埃及达成和平协议。这里是国际军事力量驻扎区。但是武装分子多次潜入以色列，伏击我们边境上的士兵。有几次他们在边境上杀了我们的士

作为副总参谋长准备参加演习，中为海军司令，右为演习行动指挥官

兵,虽然我们与埃及已经和平相处了。

我在担任南方军区司令时,花了大部分时间在加沙。一般是3年一任。我已经任职3年了,总理拉宾对我说:"我们要跟巴勒斯坦和谈,我希望你继续留在加沙,重新部署我们的兵力。"因此,我又延长了两年,为奥斯陆协议的第一阶段的实施做准备,在加沙重新部署我们的军队。(参见附录3)

5年3个月之后,我完成了在南方军区的工作。此时国防军的副总参谋长的位子有三个人在竞争,谁做了副总,也意味着他是下一个总参谋长。我们三个候选人都是同龄人,都是经验丰富的将军。拉宾总理选了我,任命我做副总参谋长,也就是说,我接下来会是总参谋长。5年多辛苦工作之后,我有4天假期,休完假我就走马上任了。

特拉维夫最大的酒店丹特拉维夫,马腾在魏茨曼科学院校友聚会活动上讲话

我担任副总参谋长4年，总参谋长是我的朋友，我们在军校是同学，在军官学校时又住一个宿舍。还没有成为新兵之前，在瑞阿里的军校高中，我们就很熟悉了。他一年前因为身体原因过世了。我是他的副官，我们工作关系特别有意思，因为我们是朋友，又是同龄人，一起服兵役。他给我很大的工作空间。

以色列的情况很独特。拉宾是我们的国防部长。根据以色列法律，政府是国防军的总指挥，部长是国防军的负责人。我们彼此都很熟悉，一起愉快地工作了很多年。

拉宾的葬礼
Rabin's Funeral

1995年11月4日，这是一个特殊的日子，拉宾总理因为签署奥斯陆协议，决定与巴勒斯坦以土地换和平，就在这一天被犹太激进分子刺杀身亡，终年73岁。我负责他的葬礼。

我担任连长时，拉宾是我们的总参谋长。我们都知道他，他身居高位，名字被大家所熟悉，参加过1948年的独立战争，这就是我们知道的拉宾。六日战争期间他是总参谋长，在以色列是家喻户晓的传奇英雄。之后他前往美国华盛顿，担任以色列驻美国大使，回来后就开始从政。他是工党，竞选上总理，之后又在竞选中失利。10年之后，他又担任总理和国防部长两个职位。他负责与巴勒斯坦谈判，签署了《奥斯陆协议》，决定与阿拉法特的巴解组织进行和谈。他的行为在以色列国内引起很大的反响和争论。

以色列社会中的右翼人士极力反对拉宾的做法。他们认为我们必须保留六日战争中所有已占领的土地。这场争论变得越来越激烈，整个社会分裂成了支持和反对《奥斯陆协议》的两派。1995年11月4日，工党在特拉维夫市中心举行大型集会，集会结束时，一名受极端拉比影响的以色列青年刺杀了拉宾。集会的场地后来被命名为拉宾广场，紧挨着特拉维夫市政厅。

我当时是以色列国防军的副总参谋长。我们每天都跟拉宾总理见面,他积极参与每一件事。在我们的心目中,他不仅是一位大人物,一位卓越的领袖,也是一个慈爱的父亲。

发生刺杀事件时,我正在家里。那天是星期六,晚上总参谋长突然给我打电话:"马腾,特拉维夫的政党集会上发生枪击了,传言说拉宾受重伤了。"我震惊了,所有人都震惊了。五分钟之后,总参谋长的电话又打过来了,他说:"拉宾去世了。看看我们应该怎么做,给他办国葬。"

已经是晚上11点了,我给我的助理打电话,告诉他:谁觉得他应该参与总理葬礼工作的,让他凌晨1点到我办公室来。两个小时后,我到了特拉维夫总参办公室,这里离拉宾遇刺的地点很近,步行5分钟可以到。这时,我的办公室里已经来了100多人,有军人,有政客,有议员,还有政府工作人员,等等。我问大家:"我们有没有什么程序?"他们说有,那是给去世的高级官员准备的,如议会发言人、总统、总理,有一个特殊的计划,有特别的程序,规定应该怎么做,这个程序

拉宾总参谋长与高级军官们一起开会

第四章　少将
Major General

拉宾与阿拉法特握手，签署《奥斯陆协议》，中为美国总统克林顿

被称为"兰花"。我打开那本厚厚的程序书，看了一会儿，我很快意识到，这一套程序并不适合遇刺身亡的领袖，比如拉宾总理。这个程序只是为年老过世的领导人准备的。我把这本程序书放在一边，然后我们开始认真研究拉宾葬礼的程序安排，包括一些具体的细节。

　　我们应该怎么做？已经是凌晨2点了。在这里的所有人都是拉宾的拥护者。在我们看来，拉宾就像是我们爱戴的父亲。我们对他的离去都很悲伤，可是我们必须尽快做出决定：怎么为我们的父亲下葬。我们讨论了几个小时，我做出了决定。早上8点我必须去参加由佩雷斯主持的政府特别会议。佩雷斯当时是副总理，拉宾遇刺后，由他接任了拉宾。他问我的建议是什么，我向他提交了我们的计划，告诉他，我们会把拉宾总理的灵柩停放在议会大楼边上24小时，人们会来向总理做最后的告别。我预计在这24小时里，会有超过一百万的以色列人来告别拉宾总理，对于以色列来说，这个数字已经是很庞大了。之后，我们将他的灵柩移至赫茨尔山，这里有一块地方是以色列领导人的墓地，拉宾总理也将被安葬在这里。

　　我预测，会有很多国家的领导人前来参加拉宾的葬礼，包括美国总统、欧洲国家的总统或总理、非洲国家的总统和总理，与我们建立外交关系的约旦和埃及的国家领导人，他们都会出席拉宾总理的葬礼。我们必须决定他们怎么到达，怎么离开。他们会带自己的下属和安全人员过来。我们需要用直升机把他们从本—古里安机场直接运到耶路撒冷。在耶路撒冷，我们要准备几个地点接他们，然后安排特别的装甲车把他们送到赫茨尔山参加葬礼。

这是一场没有硝烟的战斗，情况比较复杂。我把空军司令安排在本—古里安机场，任何想起飞或降落的飞机都必须经过他的许可，地面部队总指挥负责耶路撒冷市和所有通往该市的道路，一名中将负责葬礼仪式，这些人都听我的指挥。所有的工作都进行得很顺利。

最后一分钟，拉宾的灵柩将由8名将军抬进仪式大厅。所有人都在等待着这一时刻。这时，我看到几个人聚在草地上闲聊，我走到他们中间，问："你们是什么人？"我看到是克林顿总统和穆巴拉克站在一起说话。他们的安全人员马上跳了起来，因为我进入了他们的安全圈，他们围住我，开始审问我。我对他们说："你们需要一分钟之内坐到你们的座位上。"还好，他们都按照我所说的走进仪式大厅去入座了。

马腾与拉宾和肖姆隆一起与优秀士官们合影

灵柩进来之前的最后一分钟，我看到侯赛因国王走在灵柩旁边。他迟到了，看起来就像是在扶着灵柩进来。想想全世界的媒体会怎么报道，以色列总理的灵柩由侯赛因国王陪伴，而美国总统和其他国家领导人向他们致敬。就在这最后一分钟，我挡住进来的灵柩，让侯赛因国王先进入了大厅。

我们需要在全国拉响警笛，这个比较容易操作。过去我们就动员过以色列公众，大部分是普通老百姓，由他们负责紧急情况下拉响警笛，这一次他们就是这样做的。当天下午两点整，全国到处都响起了警笛声。整个仪式有条不紊地进行，就像是一场军事行动，但是这又是一场心情沉重而又艰难的行动，因为我们的拉宾总理被一名犹太青年刺杀，这个年轻人现在还在监狱里，我希望他一辈子待在那里。

拉宾总理遇刺身亡之后，国内重新举行大选，内塔尼亚胡成为新总理。与我竞争副总参谋长职位失败的一个军官离开部队，开始从政，他成为了新国防部长，虽然他担任部长的时间不长，即使这样，也给我们带来了许多麻烦。

下一任总参谋长
Next Chief of Staff

我担任副总参谋长四年之后，那位新国防部长找我，对我说："马腾，很显然你会是下一任总参谋长。我想让你去进修学习，我们有时间，你可以去国外学习。"我被派到华盛顿的约翰·霍普金斯大学学习四个月。我在美国期间，以色列国内就开始有各种传言。媒体有人给我打电话，说我不会担任下一任总参谋长，部长骗了我，他要选别人。因为我过去竞选副总参谋长时胜过了他，现在是他报复我的时候了。所有的将军和以色列公众都认为，我是下一任总参谋长的不二人选，我经验丰富，当将军年头长。其他将军们都比我年轻，过去都曾经是我的部下。

四个月后我从美国回国，媒体和公众都在猜测谁将是下一任总参谋长。国防部长不找我谈话，没人找我谈话。两三个星期之后，政府开会

会见法国将军

讨论新的人选。传统做法是先提名一名人选,然后所有的部长都同意这个人选,他就可以担任总参谋长。一位部长过去是将军,他反对新的人选,所以他离开会议室,这样剩下的部长们可以全票通过新的人选。这个过程中最重要的环节是国防部长的提名,通常他提名之后,他会跟总理讨论,之后就是政府的决策。在政府决策之前,内塔尼亚胡把我叫到他的办公室,他拥抱了我,对我说:"马腾,我很抱歉,我没法让你担任下一任总参谋长。国防部长坚持不要你做新的总参谋长。我只能听他的。我想让你当,可是因为政治原因我又做不到。"

每一位参与此事的以色列人都明白,这就是国防部长的一种报复,因为他在这些年里失去了很多机会,每一次提升他都不如我,所以他决定报复我。很明显我会被任命为下一任总参谋长,可是因为他的丑恶政治阴谋,他提名了一个比我年轻、经验又少的人成为总参谋长。整个以色列社会很清楚这是他对我的报复行为。

两个星期之后,也就是1998年7月,我离开了服役36年的部队。我收到了数百封来信,人们都表示不理解为什么我没有成为总参谋长。在整个以色列社会有一种情绪,人们不仅仅是吃惊,而是感觉是

第四章　少将
Major General

马腾访问位于巴黎的法国军队总部，1996年

政治阴谋害了我，让我失去了总参谋长一职。我决定把这个丢在一边，开始往前看。不久，那位搞政治阴谋的国防部长就因为与年轻女性关系不当受到了法律制裁，被赶出政府和政界，从此消失在人们的视线里。

附录1 加沙
Appendix 1 Gaza

六日战争前的加沙
Gaza before the Six Day War

加沙地带位于地中海沿岸，在特拉维夫以南不到100公里，与埃及的西奈半岛接壤。

1947年联合国决议通过的分治方案规定，加沙地带属于阿拉伯国家。以色列1948年建国之后，加沙由埃及控制。六日战争之后，以色列从埃及手里夺得了加沙。

加沙地带长60公里，宽约15—20公里，这里居住着200万巴勒斯坦人，大多数是居住在条件艰苦的难民营里，由联合国难民署资助和照顾。加沙已经成了袭击以色列的基地，到过这里的每个人都能体会到空气中弥漫着的仇恨，甚至可以用刀子去划破它，感受它。这种仇恨源于巴勒斯坦人相信的"回归权"，这意味着巴勒斯坦人希望回到1948年以色列建国之前他们的老家去。由于战争的原因，巴勒斯坦人成为了加沙的难民，他们真的相信，总有一天他们还可以回去。

六日战争前，加沙的边境线上驻扎的是联合国的士兵，每几公里就有2名士兵在一个哨所值班。这里没有真正意义上的边境线，边境就是地面上一条犁沟，没有围墙，没有电子设备，什么都没有。一些巴勒斯坦人经常从加沙潜入以色列进行袭击和偷盗，我们得制止他们。我们每天沿着边境线巡逻，晚上埋伏士兵。我当连长时就驻扎在这里，我们有一个基地。每天晚上，一个连被分成三个小队进行埋伏，每隔150米安排三个士兵，为了阻挡武装分子的进入。这太不容易了，但是我们还是成功地阻挡了敌人。有时候看到他们试图越境时，我们就开枪了，而我的士兵没有人受过伤。我们从没有进入到他们那边。我们只是在边境线上巡逻，跟联合国士兵聊天，他们向我们扔啤酒。以色列那时候还没有灌装啤酒。他们的啤酒味道真不错。

1966年11月13日，我在萨姆瓦行动中受伤，还在家恢复时，我过去服役的营已经控制了加沙。在占领加沙地带的战争中，我的一个最好的士兵，后来担任排长，在这次战争中牺牲了。他在耶路撒冷跟我住一个街区，比我小三岁。我过去在青年团的时候是他的指导员。他人很不错，朋友们都把他称作"我们班的马腾"。他像我一样，成为伞兵，然后成为军官，最后牺牲在加沙。

六日战争后到第一次阿拉伯起义
After the Six Day War till the First Intifada

六日战争之后，我们在加沙难民营部署兵力。为了探测和摧毁难民营里的发射点，我们总是有小的军事行动。在这里的行动很艰难，因为是在密集的居民区里，武装分子用老百姓作人盾，今天他们还是这样做的。我们得找到办法去应对。我们没有时间准备，因为每天都有新情况发生，我们必须马上解决。在加沙对付武装分子就是一个真正的消耗战。他们经常埋地雷。战争前，我们在边境线上巡逻时，我的装甲运兵车不止一次撞到过地雷。

一天，我在加沙担任890营营长时，从总部接到一个情报，一个难民营里会有袭击，这里有两个我们"通缉"的武装分子：一个是这个地区武装组织的头儿，一个是他的副手。我马上带上我的队伍，开了几辆吉普车，到了那个街区。我的吉普车第一个到，就有一个武装分子向我的车扔来一个手榴弹，然后跑走了。我开枪时，他跑到街那

边去了。我告诉街那边我的队长:"有人跑到你那边去了。"他回答道:"他已经死了。"这前后还不到5分钟。他跑过去,就被我们的人打死了。这是加沙武装分子的总指挥。两分钟后,他的副手试图做同样的事,我们马上就击中了他。问题是,这里住着上万人,他们开始向我们喊叫、扔石头,我们对此束手无策。

这就是我们在加沙每周每天都会发生的典型的事件。情报和信息最重要,必须准确知道发生了什么,是什么人。最终我们借助情报和武力成功地使这一地区平静下来。同时,我们开放了以色列的劳动力市场,巴勒斯坦人可以去以色列工作。最后由他们自己决定,是跟武装分子一起对抗以色列,还是去以色列工作。每天早上都有几万人去以色列工作,凌晨两点,就能看到路上几百辆他们的车,往返以色列。有些人对以色列发动袭击,袭击的就是他们以前在以色列工作的地方。最终还是要他们自己做决定,到底是袭击以色列,还是去以色列挣钱。大多数人选择去工作。不过一旦有人发动袭击,整个地区就会发生骚乱。

从暴动到奥斯陆协议
From the Intifada to Oslo

很长时间之后,到了上世纪80年代末,加沙出现了暴动。我们对阿拉伯暴动一无所知,不明白阿拉伯语"因提发达"(注:起义、暴动的意思)的意思。我当时是南方军区的司令,加沙属于南方军区管辖范围。

作为负责加沙的将军,我是这么处理加沙的阿拉伯人暴动的。暴动的意思就是上万人在街上游行示威,喊着口号,从一个地方走到另一个地方,扔石块,扔燃烧瓶。很快,他们就利用平民的集会来向我们的士兵发动袭击。设想一下那个局势,上万的人在喊叫,突然从人群里发出枪声,有人用步枪或什么从人群中向我们的士兵发射子弹。对我们的士兵来说,这是一个真正的问题,因为首先他们不是警察,他们学的是怎么战斗,不是怎么应对平民。我们首先得找到合适的解决方法应对这一局势。

我很快就明白了,最重要的是我要在事发地点,去看看到底发生了什么,给年轻的士兵们正确的指令,而不是把他们孤独地扔在那里。我把大部分时间都花在加沙,跟我的部队在一起,从一个地方到另一个地方,跟士兵坐在一起,跟他们交谈,给他们讲话,找到一个合适的方法来应对,这对他们、对我都很重要。

每个星期四下午四五点,我都会与加沙地带几百个连以上的指挥官们开会。每次我们都坐下讨论:上一星期发生了什么,结论是什么,学到的教训是什么,下星期做什么。我的南方军区管辖面积很大,占以色列总面积的60%,管辖所有的以埃边境线,以约边境线的大部分,但是加沙对我是一个特殊的工程。我大部分时间都在跟军官讨论,在这种独特的局势下该怎么做。

我创建了一支特种部队"山姆尚",取自圣经里的民族英雄的名字,一个在加沙行动的法官。这支部队装扮成巴勒斯坦人。我曾经跟他们半夜一起出去行动过,我们穿着巴勒斯坦服装,一手拿着木棒,长袍下面别着手枪,在街上巡逻,看看发生了什么事,能不能抓住我们通缉的武装分子。这样的行动很有意思,但是也很危险。士兵们跟我开玩笑说,他们就像是夜晚在加沙街头陪着一个老人散步,因为加沙的晚上没有我这样年龄的人待在外边。我那时候55岁,他们也就19、20岁。

我结束任期之后,收到了来自士兵和年轻军官的数百封来信,他们告诉我,在他们眼里我是什么样的形象,每周四的会议已经成为激发他们行动的动力,也给了他们下星期工作的力量。没有这样的会议,他们在这么艰巨复杂的环境下是难以生存的。

奥斯陆协议与兵力再部署
Oslo Accord and the Redeployment

1993年9月,拉宾总理兼国防部长与外长佩雷斯在美国白宫签署了将彻底改变以色列与巴勒斯坦关系的《奥斯陆协议》。为了能够与巴勒斯坦人和平相处,

拉宾总理同意与他们建立一种全新的关系，包括从加沙撤军，把加沙交给巴勒斯坦人自己管理。

根据《奥斯陆协议》，我们必须从加沙撤军。我们需要研究怎么撤出以色列军队，怎么让巴勒斯坦军队进驻。我们在加沙难民营里有几十个岗哨，每个岗哨里边有一小队以色列士兵。我们要把他们撤出来，不能让巴勒斯坦人察觉到，因为如果他们一旦知道难民营里没有以色列士兵，他们就可以任意胡作非为了。几十万的巴勒斯坦人会冲到围墙来，而我们又不能开枪，这是一个大问题。我们必须找到一个合适的操作方法。

对于如何操作，我们的争论很激烈。还有一个很棘手的问题，就是那么长的边境线怎么办？我坚持沿着边境线建一个电子围墙，以防止他们越境过来。总理兼国防部长拉宾开会讨论此事，他以前是我们的总指挥官。六日战争期间他是总参谋长，我是连长。最后一次讨论，我对他说，我们必须下决心沿着边境线建电子围墙。现在大家都看得很清楚了，建电子围墙的做法是正确的，可是那时候造价太高了，一公里电子围墙就需要100万美金，要建成60公里的电子围墙，需要6000万美金。这可是很大的一笔数字啊！我的朋友，那些将军们，几乎人人都反对我。他们都说：马腾，不用了，这个不重要，以后我们就和平了。可是我还是坚持要建电子围墙。

讨论到最后，拉宾说："马腾不明白今后这里会发生什么，以后这里就和平了，不会是今天这个样子。"我听了这话，暗暗对自己说：没有围墙，我宁愿辞职不干。拉宾总理很聪明，他显然看穿了我的心思，马上又接着说："因为马腾是唯一一个真正明白加沙的人，所以我们要听从他的建议，建围墙！"我们都惊呆了。我的朋友们都很生我的气，因为启动这一工程，需要从国防预算里支出几千万美金。

我们要在四个月里建好60公里的电子围墙。我们选了四个建筑师，每人负责15公里。这好像已经成了我的个人工程。每天早上，我都要到正在建的围墙那里去，跟建筑师聊天，和他们一起喝咖啡，晚上也做同样的事情。巴勒斯坦人明白我们要建一个真正的围墙，所以他们试图晚上搞破坏。这个巨大工程四个月后完成了。我们有了围墙，至今，这道围墙都是这里边境线上我们百姓的唯一保护屏障。

他们现在发射火箭炮，因为他们穿越不了围墙。他们在围墙下挖地道，这个我们猜到了，也做好防备了。有围墙总比没有好得多，没有围墙的话，任何人，任何孩子，都可以骑车或步行，没有阻碍地穿越边境线。现在围墙救了我们百姓，一直到今天都在保护我们。当然现今的围墙越来越高级，越来越复杂，可是我们与他们之间需要一个屏障，这一系统和想法非常重要。这是我们1994年5月在加沙驻扎期间建立起来的防护系统。

从加沙撤军
Withdrawal from Gaza

加沙冲突不断，不仅仅是在边境线上，难民营里到处都有，因为巴勒斯坦人知道我们很快就要离开这里了，所以他们比以前更没有顾忌。还好，我们终于把我们的士兵从人口密集的巴勒斯坦居民区里撤出来了。

巴勒斯坦人为此欢呼雀跃，他们走上街头游行庆祝。我们必须决定对此该做出什么反应，因为局势很乱，我们还要维持秩序。

有一次，我跟我的四名士兵，一个军官，一个通信兵，一个士兵和司机，被困在一辆吉普车里。几千名巴勒斯坦年轻人围住我的车，他们开始摇晃我的车。几分钟后，他们看到是我的车，开始喊叫：他是总指挥！他是总指挥！然后他们给我们让开道，让我们开走了。

还有一次，一名巴勒斯坦年轻人向我的吉普车扔燃烧瓶，瓶子掉在车顶上，开始燃烧。我们从车里跳出来。我看到一位巴勒斯坦老人给这个年轻人一巴掌，骂道："你不许向他扔燃烧瓶！他是我们的总指挥！"这位老人没有说我是以色列人的总指挥，而是说我们的总指挥。

有一天，一名在以色列工作的巴勒斯坦人，用刀子杀死了沿着特拉维夫海边去上学的犹太少女。以色列政府关闭了边境关口，不允许巴勒斯坦人再进入以色列工作。这时我是南方军区司令，去政府开会讨论

加沙撤军前,马腾在帐篷里向军官们发布命令,1994年

关口关闭之后接下来要做的事情。每个部长都认为关口应该继续关闭下去。我发言之前,以色列警察总署高级专员(他以前是空军的一名将军)说道:因为关口封闭,以色列境内没有巴勒斯坦人,所以没有谋杀和偷盗案件发生,生活非常平静。部长们听到后,相视而笑,说太棒了。

轮到我发言谈自己的建议了。我说,我完全同意警署高级专员所说的每一句话。我想让各位知道,我刚从加沙的市场上过来。我带着我的人去加沙的市场。一名巴勒斯坦人走过来,从他口袋里抽出一张20谢克(注:大约4美元)纸币,用流利的希伯来语对我说:"我在电视上看到你是我们的总指挥。我有六个孩子要抚养,以前我在以色列工作,现在关口关闭了,我不能去工作了。我现在只剩下这20谢克了,怎么办?"我还没回答他,他又接着说:"那边的角落,他们给我50谢克,让我朝你们扔一颗手榴弹。"我对他说:"如果你扔手榴弹,我们马上就杀了你。替你的孩子想想吧!"我讲完这个故事,总理很厉害,他听懂了我的意思。他看看大家,说:"你们都听到马腾将军说的了?还有谁要补充?"就这样,关口又打开了。这就是那时候的微妙局势。

附录1 加沙 Gaza

一天,我接到命令,要我跟一位巴勒斯坦将军会面,商讨加沙武装再部署问题,他们进驻,我们撤出。我在加沙总指挥部等候这位将军,这里是埃雷兹检查站,至今还是以色列通往加沙的关口。这位巴勒斯坦将军是贝都因人,他进来时胸前佩戴了无数勋章,而我只有三枚。我们相互敬礼,握手,然后坐下会谈。刚谈了两三分钟,他就跳起来,向我敬个礼,然后人就消失了。我很困惑地问我的手下:我是不是做错什么了?会不会因为我而影响《奥斯陆协议》的执行?我该怎么办?首先要找到这位将军,可是没有人知道他去哪儿了,连他的手下也不知道。最后他的手下在地中海边找到他,他正坐在那里,看着海面沉思。

我把他叫回来,问他到底怎么了。他说:"你不会明白的。我是巴勒斯坦人,驻扎在北非一个军营,阿拉法特叫我过来,跟你协调我们军队进驻加沙。我开了好几天的车,一路沿着地中海,穿越埃及,找到了这里。来到这里,见到你。你是以色列人,所以你是我们的敌人,你应该是一个头上长角、身上长尾的魔鬼。可是我看到了你,你跟我讲话,

加沙撤军前与高级军官开会,1994年

以色列大使马腾将军谈话录
Conversation with General Matan Vilnai, Ambassador of Israel to China

跟你手下讲话,你完全就是一个人,根本不是什么魔鬼。我惊呆了。你让我想起了我的首长阿布·吉哈德,他战死在突尼斯。我对你的情况都了解,但是这对我还是冲击很大,我实在应对不了。"我明白了他所说的意思。我们又重新开始会谈,商量怎么进行撤军和驻军。

没有战火,没有伤亡,我们从加沙撤出来,巴勒斯坦军队驻进来,这是多么复杂的一项工程啊!我们一步步走,总共用了十天的时间。我亲自去每一个要撤的点,跟我们的士兵谈话,让他们和军官们都做好准备。我们每走一步,我都要向总理汇报。在每一个地方,我都是最后一个撤离现场的。

最后一晚,我们要离开加沙指挥总部了。加沙是一个很大的城市,我们的总部就在加沙的市中心。我们必须找到一个合适的方式悄悄离开,可是很明显我们在撤离。我们在指挥总部,所以要不动声色地离开非常不容易,我们还是努力做到了。最后他们的士兵进来了,我们的士兵出去了,这些行动都是在半夜进行的,当时情形非常复杂。有好几次在我们撤离的过程中,巴勒斯坦人不断地朝天开枪,上万的人在

在加沙与步兵军官在一起

附录1 加沙
Gaza

加沙撤军前给军官开会

那里庆祝，因为他们很高兴，并不是为了杀我们。我在最后一个队伍里离开了加沙。

我们跟巴勒斯坦总指挥官有一个交接仪式。他是真正的领袖和将军。我们半夜在加沙与以色列的边境上握手。我对他说："将军，你必须知道，用武力手段达不到目的，你得解决这个问题。你要把加沙变成天堂。我相信你一定能做到。"他回答我说："将军，你说得对。可是你也知道解决这个问题不容易，不过这是我们的任务。"

我们撤离的时候，希望他们能把哈马斯、吉哈德以及极端穆斯林领导的加沙控制住。在加沙的最后一晚，我们对加沙的前途充满希望，因为我们的离开，这里不再有暴力和恐怖，加沙将迎来新的篇章。我们双方安全交接，没有伤亡。

但是，在很短的时间里，哈马斯就变得越来越强大，他们用武力占领了加沙，至今还是这样。因为我们有电子围墙，他们潜入不到以色列，所以他们在围墙上空发射火箭弹，在围墙下面挖地道。

撤军之后的加沙
Gaza after Withdrawal

我担任国防部副部长期间,加沙向以色列发射的火箭弹越来越多,这已变成一个主要问题,而且他们发射的距离越来越远,已经击中以色列中心地带的居民区。现在他们有能力向特拉维夫发射导弹,这里是以色列的中心区域。早晚他们想向哪儿发射,就能发射到哪儿。对这一越来越严重的问题,我们讨论过很多次,我们必须解决这个问题。

我们上层讨论最多的就是解决来自加沙的导弹问题。很显然我们首先需要攻打加沙地带的基地,我们必须探测到具体的位置,然后摧毁它们,这些都是在密集的居民区里。第二,我们要在半空拦截住发射的导弹。以色列现在有一个非常好的系统"铁穹",可以拦截这些导弹。第三,我们需要保护百姓。我们讨论最多的就是这三个话题。我相信,摧毁发射基地和拦截导弹绝对正确,但是我们的百姓也需要做好防护。所以,我的首要任务,也是最重要的任务,就是保护好加沙边境线附近的以色列百姓。

我坚持要为我们边境线上的百姓修建防护设施。跟电子围墙一样,这也需要花很多钱,但是我们没有别的选择。作为国防部副部长,以及接下来的国土安全部部长,我必须解决这个问题。同样,我的提议又遭到各位部长的反对。我们的老机制是每个社区有一个避难屋,如果警报拉响,每个人就跑进避难屋。我的建议是为加沙边上的每座房子、每个家庭建一个避难屋,所以我要说服总理增加预算。对此,我们争论很激烈,最后我还是成功地说服了他们。这是一项巨大的工程,我们要建上万个避难屋。资金到位后,几年内,我们顺利地完成了这一艰巨的任务。

我们首先要保护这一地区的百姓,同时我们还要拦截发射过来的导弹。我们发明了铁穹,我们是世界上唯一一个拥有这个拦截系统的国家。有一个星期六,铁穹第一次拦截导弹时,我正好在视察其中一个部门。这时警报响了,我被领入通信中心,这是铁穹系统的指挥中心。我

看到中士给出拦截指令,雷达成功拦截了巴勒斯坦卡萨姆火箭。这是铁穹的首次拦截,我碰巧就在指挥现场。

不管是对加沙进行什么样的军事行动,我作为负责百姓防护设施建设的国防部副部长以及后来的国土安全部部长,每次军事行动中我都会去视察加沙周边的以色列城市,包括每个城镇和地区。斯德洛特市是一个离加沙不到两公里的主要城市,每天都会受到加沙炮弹的威胁。设想一下一个社区,每隔几个小时就有炮弹爆炸,不是在街上,就是在学校里,或者在市场里,到处都有危险。这就是我们的百姓在哈马斯导弹威胁下的生活状态。

一次警报响时,我刚进入一个城市。大街上的人们都开始急急忙忙往避难屋跑。我走进一个学校,一个老师跑过来对我说:"马腾,快走!校长要见你!"我对他说:"三十年我都没听到'校长要见你'这句话了!"我见到那位校长,看到他们是如何准备防护的。他们真的做

与埃及军官在一起

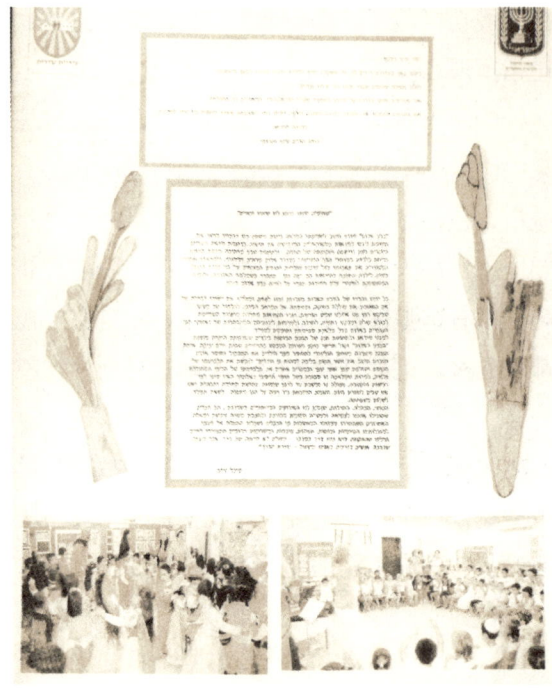

以色列幼儿园的孩子在学校避难屋里上课。听说马腾要到中国来当大使时,老师和孩子们把精心制作的礼品送给他作纪念,感谢他为他们的安全所做的一切

得很不错。他们给我寄来一张幼儿园孩子过普珥节的照片,照片里的孩子都是在避难屋里。这是他们听说我要到中国来当大使时,寄给我的一个纪念品,感谢我对他们安全的保护。

附录2　黎巴嫩
Appendix 2 Lebanon

背　景
Background

黎巴嫩位于以色列北部，地中海东岸。这里的一多半人口是穆斯林（什叶派、逊尼派以及德鲁兹），另一半是基督教派（马龙派、希腊东正教、天主教以及亚美尼亚东正教）。黎巴嫩有这么多宗教教派、政党和军事力量，局势总是非常复杂，充满矛盾。

1948年以色列独立战争时，黎巴嫩加入阿拉伯联军进攻以色列。战争之后，黎巴嫩边界成为以色列最安静、最安全的边防线。我们一直以为黎巴嫩会成为第二个与以色列签署和平协议的国家，因为它不是一个阿拉伯大国，所以轮不到第一。独立战争之后到1970年之前，我们与黎巴嫩的边界上一直都是这样的和平氛围。

1970年，巴勒斯坦解放组织（简称巴解组织）遭到约旦侯赛因

黎巴嫩地图

以色列大使马腾将军谈话录
Conversation with General Matan Vilnai, Ambassador of Israel to China

国王的驱逐，他们把总部和兵力搬到了黎巴嫩南部，在这里建立了一个基地。黎巴嫩南部都是山区，巴解组织开始从这里向以色列边境和境内发动袭击。由于以色列的卷入，黎巴嫩的局势变得更加复杂。1978年3月15日，特拉维夫周边遭到巴解组织的袭击之后，以色列进入黎巴嫩南部攻打巴解组织，并于1978年6月13日从黎巴嫩撤回到自己的边防线上。1982年6月，以色列再次进入黎巴嫩攻打巴解组织。之所以发起此次行动，是因为过去两年内，巴解组织持续不断向以色列北部地区发射火箭弹，特别是基利亚特·谢莫纳遭受了严重的袭击。我们警告了黎巴嫩政府。所以，最后我们又进入黎巴嫩去阻止巴解组织针对以色列北部的袭击。

这一时期，基督教派控制的黎巴嫩政府军试图限制巴解组织在黎巴嫩的军事行为，可是巴解组织在黎巴嫩内战中得到了黎巴嫩穆斯林派的支持，黎巴嫩国内1975年爆发内乱，穆斯林和巴解组织对抗基督教派，这一内战一直持续到1991年。

以色列2000年从黎巴嫩全部撤出时，黎巴嫩南部已经完全被真主党控制，这是1982年战争中出现的一个全新的军事组织，是由与以色列敌对的国家扶持建立起来并给予经济支持，完全针对以色列的一支军事力量。

六日战争前的黎巴嫩边界
Lebanon border Before Six Day War

我还是一名年轻的连长时，经常在黎巴嫩边界进行侦查行动。一次我被派去一个黎巴嫩村庄拍一个装置的照片，这个装置位于村庄的正中央。我们去了6个士兵，我是连长，我们的任务就是晚上拍一张这个装置的照片。这是很多年以前的事了。要拍照，我们必须等30分钟对好焦，那时候的摄影工具非常原始，没有现在的夜晚特殊设备。我们进入村庄，大概离边境有12公里，离卡夫拉很近。我们立好三脚架。周边有很多狗在不停地叫。如果狗一直在叫，最后肯定会有人出来看是怎么回事，所以我们还必须为

马腾营长在黎巴嫩边界

此做好准备。最后当我们把拍的照片洗出来时，才发现照片上主要位置是狗，而不是我们要拍的那个装置。

卡夫拉行动
Kafra Operation

黑色九月之后，巴勒斯坦人在黎巴嫩南部建立了自己的军事基地，开始向以色列北部发动武装袭击。

我们境内位于边界上的基利亚特·谢莫纳的市民，每天受到从黎巴嫩南部发来的炮弹的袭击。设想一下北京朝阳区的某个居民区，白天或晚上一会儿就有一个炮弹落在地上，要么是市场里，要么是在一个学校里，或大街上，到处都有这种可能性，那会是多么糟糕的情形。所以我们必须解决这个问题。我们对边界那边的巴解组织基地发动了袭击。巴解组织的基地大部分都在居民区里，又是在深山里，所以要探测清楚谁是武装分子，谁是平民，非常困难。我们只想打击武装分子，而不能伤及平民。

同一时期，我们在埃及边境上沿着苏伊士运河与埃及有一个消耗战。1972年，我是伞兵营的营长，我的营驻扎在苏伊士运河前线，离黎巴嫩很远，在以色列的另一头。一天早上，我接到一个电话：你准备好

以色列大使马腾将军谈话录
Conversation with General Matan Vilnai, Ambassador of Israel to China

明天晚上到黎巴嫩边界发动一次行动。我的首长从特拉维夫的总部给我打来电话。我回答他，当然没有问题，我会去执行这一任务的。

到达黎巴嫩花了我一天的时间。我先开车到最近的机场，从我的总部过去要两个小时。我坐了头班飞机去了特拉维夫，大概飞了一个小时。然后直升机把我送到黎巴嫩前线总部。我到那儿时，已经过去6个小时了。这里前线总部的人都不敢相信我怎么会出现在他们那里，因为他们知道我在苏伊士运河前线。

黎巴嫩前线总指挥向我交代任务，给了我所有的情报信息，针对这个目标我需要尽可能多的信息，我要准备好明天晚上发动袭击。虽然我手头还没有可以指挥的部队，我还是回答说没问题。我的部队都在苏伊士运河，是一支很强的队伍。我说我会准备好，然后就开始叫我的队长们把部队集合在以色列中部我们的营地。我从苏伊士运河前线调了大部分的士兵，还有部分正在接受训练的士兵。我调集了150人的伞兵部队，准备好开展这次行动。

我还需要向我的首长汇报我的计划，必须得到他的批准，这也需要时间。士兵们也不相信我们要开展一次行动。最后，我调集好了兵力，向他们讲解我们的行动计划。巴解组织基地在黎巴嫩很纵深的位置，建在山里，也就是说离我们边界有20多公里。黎巴嫩与以色列的边境线至今都是用紫色标出的，不像别的边境线是绿色的。我们来到出发点，天下着大雨，雾很重，什么也看不清。首长问我这种天气能不能行动，我说我们会行动。

跟我们一起行动的还有另一支队伍，那是以色列最好的步兵旅，他们也在准备行动。所以我们会有两个袭击。这个步兵旅的旅长现在还是我的好朋友，多年以后他接替我成为师长。我们开始一起出发。过了一会儿，我们伞兵部队中间断了，一个士兵的眼镜掉了，他在地上找。前边的士兵不知道，没有停下，一直在走。我们用了两个小时把队伍又召集在一起，重新出发。这时候总参谋长呼叫我，说另一支部队返回去了，因为天气原因，他们没法开展行动。他问我是不是继续前进，我说

我们继续。如果你把他们送回去了,我们必须继续,这样才能证明我们比他们厉害。

我们继续前进。到了一个阿拉伯村子,总参谋长又呼叫我。我们不得不爬山,绕着这个村子前进。我看了看四周,外边都没有人的影子。雨太大,又有浓雾,人们都待在家里。我决定穿过这个村子,走主路,同时做好充分的战斗准备,以防万一。绕着这个村子走,需要几个小时才能到达目的地,穿过村子只需10分钟。我们正在村子里的时候,首长又呼叫我:"你觉得你们能行吗?"我回答说:"没问题,我肯定。"他接着说:"如果你们愿意,可以直接穿过那个村子,不用绕山路了。"我告诉他,在没有得到他批准之前,我已经这么做了。

我们穿过村子,来到武装分子的基地,让武装分子们大吃一惊。与他们交战之后,他们大部分逃走了,我们摧毁了两座楼,然后启程往回返。

一个晚上来回步行距离有些远。直升机过来接我们。问题是这种天

准备起飞

以色列大使马腾将军谈话录
Conversation with General Matan Vilnai, Ambassador of Israel to China

气对直升机来说简直就是地狱。我们跑到一块空地上,直升机可以降落的地方,之前我们在地图上选好了这个位置。我听到了直升机的声音,可是看不到它。他们飞过来,看不到我们,又飞走了。他们来回找我们,往返三次,也看不到我们手举的信号灯。一个飞行员是我的朋友,我呼叫他:"我在这里,我在这里!"可是他根本看不到我们。第四次,他们设法又飞过来了。

到了早上了,天开始亮了。这种天气真搞不清是白天还是夜晚。这时,有两辆黎巴嫩装甲车开了过来,向我们直升机降落的空地开火,地面开战对直升机来说非常危险。最后一刻钟,我们击中了黎巴嫩的装甲车,他们逃离了这里。直升机带上一部分士兵起飞了,我和其他士兵等第二架直升机。过了半小时,另一架直升机也来了。

一个小时之后,我们降落在以色列北部的空军基地。国防部长摩西·达扬在等着我们,他过来吻我,跟我拥抱,说:"我知道,如果是你在执行任务,你一定会胜利完成的。"我们都筋疲力尽,但是我们成功完成了任务。我们受的教育是,如果你有一个任务,就要靠你自己想办法努力完成。不是靠别人,你得自己去做,要想方设法完成。这是我们这种教育下的一个典型例子。

贝鲁特"市长"
"Mayor" of Beirut

卡夫拉行动之后,我们在一个叫多夫山的地方,跟巴勒斯坦武装分子还有几次交战。多夫山这个地名是为了纪念在此阵亡的戈兰尼旅的一个连长。我当时是营长,为了在边境上的山区占领几个有利位置,我们跟那些武装分子在此战斗了几天。这里大概海拔1000米。这就是黎巴嫩边界的局势。

1982年6月,我们决定采取行动,把巴勒斯坦武装分子赶出黎巴嫩南部,这样他们就不可能对以色列北部发射导弹了。为此,我们对他们发动了一次大规模的袭击。这次行动几乎可以被称作为战争,我们有几个师参加,行动代号"加利利和平"。我的师参加了这次行动,我在行动中升为师长。我们到了贝鲁特,在此驻扎了很长时间。

我是控制贝鲁特地区的师长。贝鲁特是黎巴嫩的首都。这里有七支军事力量:真主党、黎巴嫩政府军(也就是黎巴嫩基督教派军队,也称长枪党)、美国维和部队、英国维和部队、法国维和部队、意大利维和部队,还有以色列部队。我们是这些军事力量中最强的一支。欧洲维和部队和美国维和部队都是在这里调解黎巴嫩各方的矛盾和冲突的。贝鲁特地区的局势每天都很微妙,问题很多。

黎巴嫩社会有德鲁兹人、穆斯林、什叶派、逊尼派,以及基督徒。他们每一派都有自己的武装力量,经常相互之间开战。他们的共同点是,都把以色列视为他们共同的敌人。在贝鲁特地区,这些武装力量都存在。还有一些小的民族之间,也是矛盾不断。因此,要理解谁跟谁在打,怎么做,都很困难。我们发现自己在应对非常复杂的局势。

我的总部设在一个叫阿雷的小城,在贝鲁特东边,是德鲁兹人的城市。我们与德鲁兹人之间有协调人。基督教派跟德鲁兹人是敌人。有时候我们发现基督教派在轰炸我们整个地区,包括我的总部。我们发现他们使用的子弹壳上有以色列的标记,因为多年前,基督教派是我们的

马腾师长与通信官在一起

以色列大使马腾将军谈话录
Conversation with General Matan Vilnai, Ambassador of Israel to China

盟军，我们卖给过他们弹药。他们用这些以色列制造的弹药袭击德鲁兹人，也包括我们，因为我们也住在这个地区。这只是一场复杂战争中的很小一部分。1983年9月，黎巴嫩战争结束一年多了，还是这样的局势。

在黎巴嫩境内，进到一个村子，你得搞清楚谈话的人是谁，属于哪一派。从墙上的招贴画可以看出，这家是德鲁兹人，还是基督徒，还是逊尼派，或者什叶派。另外，从铺着的路面可以看出，如果路面平整，这是基督教派。如果路面不平，这就是德鲁兹人或阿拉伯人的村子。这一点很明显。

我记得一天早上，我们居住的地区突然发生了爆炸。我冲出指挥部，问我的官兵怎么了。没有人知道发生什么了。我在无线通讯器里听

与总参谋长肖姆隆（右一）、副总参谋长巴拉克（右二）围在桌前讨论训练计划，左一戴眼镜者后来成为拉宾的秘书

附录2 黎巴嫩
Lebanon

马腾离开南方军
区前的欢送仪式

到我的一个连长在喊叫,他所在的那个地方都是德鲁兹士兵。德鲁兹人在跟黎巴嫩军队打仗。德鲁兹人是黎巴嫩公民,他们却跟黎巴嫩政府军在交战。黎巴嫩政府军由基督教派所控制。他们双方在我们那个连控制的地段打了起来,就在我的总部南边20公里的地方。我马上叫上德鲁兹联络官跟我一起过去看看。我带了一个连,赶过去时,看到到处都是德鲁兹士兵,没有看到基督教派士兵,也没有看到黎巴嫩军队,他们消失了。我问德鲁兹联络官这是怎么回事,他说不知道。然后我看到德鲁兹人在街上巡逻,好像一切都很正常,就是没有黎巴嫩军队。最后,我发现黎巴嫩军队,那些基督教派士兵,被抓了起来,关在一栋楼里边,外边都被德鲁兹士兵把守着。

这时候我才意识到发生了什么。德鲁兹人决定给黎巴嫩军队的所有

以色列大使马腾将军谈话录
Conversation with General Matan Vilnai, Ambassador of Israel to China

马腾与美国总参谋长会谈

防线来一个突然袭击,他们占领了所有有利地形,在没有人受伤的情况下。黎巴嫩军队开始使用炮弹来反击。我把对方叫过来,让他们不要再发射炮弹了。

这就是黎巴嫩复杂局势的一个例子,我们是怎么去处理黎巴嫩的问题的,而不是我们以色列自己的问题。德鲁兹人与基督教派控制的黎巴嫩军队发生冲突,而黎巴嫩军队里有好几个将军就是德鲁兹人。我告诉我的首长,我们必须从贝鲁特撤军,我们在这里无事可干。这是他们自己的内战,不是我们的战争。

这里有一条小河,上面有一座小桥,风景如画,很像瑞士风光。这座桥的一头是基督教派,另一头是真主党,我们的坦克在中间。每天早上,坦克向真主党方向发射一枚炮弹,再向基督教派方向发射一枚,然后回到原位。我们国防部长每次视察这里时,我都会带他来这里看看,

让他明白驻扎在黎巴嫩的含义。他们各派在打内战,我们夹在中间。有一次他问我:"马腾,我们在这里做什么?"我回答他:"你问我?我还想问你,我们到这里来干什么?"来过几次之后,他终于认定:我们跟这里无关。

最后,我们接到了从贝鲁特撤军的命令。为准备这次行动,我们必须特别小心,不能有任何风吹草动,因为他们一旦知道我们要撤离,就会想方设法阻止我们的行动。他们可能会发动更多袭击,所以我们在准备撤军过程中非常谨慎。我们有一个计划,所有的指挥官做了演习,没有告诉任何一方我们要撤离。黎巴嫩各方军事力量都有一个联络官在我们总部。最后一刻钟,我到我们的每个地段,告诉当地指挥官,10分钟后我们就撤离这里了。他们都惊呆了。最后一个星期,我们的士兵都开始用轻型武器,就是为了行动方便,不带后勤设施。八个小时之内,他们毫无觉察,我们一个师全部都撤出来了,没有士兵受伤,一个都没有。几个小时后,我们的人马全部撤到了贝鲁特南部几英里之外扎哈拉尼河岸边。

作为师长,我在贝鲁特驻扎了几个月。这就是我说的我当贝鲁特"市长"的一段时间。这里的袭击一直不断,经常发生绑架事件。他们绑架美国人和欧洲人。我们必须时刻注意,以保证这样的事情不会发生在我们的士兵身上。这段时间我们在敌区部署兵力,时刻警惕暴力袭击,随时做好防备措施,同时,又在管理黎巴嫩数千人的日常生活。所以这里的情况非常复杂。在这个地区的每一步都必须很小心。另外,这里又是世界关注的中心,到处都是记者和媒体。我们走到哪儿,媒体记者就会跟到哪儿。

附录3　纳格·哈马地军事行动
Appendix 3　Nagh Hamadi Operation

六日战争结束之后，以色列国防军驻扎在苏伊士运河沿岸的临时阵地。那些不愿意接受战争败局的埃及人，发起了消耗战，持续对以色列士兵发起炮击，造成国防军的大量伤亡。

1968年9月和10月，发生了两起特别严重的交火事件。在这两次事件中，埃及军队的重炮雨点般地袭击苏伊士运河沿岸，造成25名以色列士兵死亡，76人受伤。以方为遏制埃及方面的进攻，以总参谋长哈依姆·巴列夫为首的总参决定采取非同寻常的举措，至少遏制埃及一段时间，以便以色列国防军有时间修筑运河沿岸的强大防御工事。

1968年10月27日星期日，以色列政府批准了国防军深入埃及后方纳格·哈马地的突袭计划"震惊行动"，准备在同一区域发动两个不同袭击行动。以色列空军接到的单独行动任务是炸毁尼罗河上的两座大桥：纳格·哈马地和基纳大桥（本书将不讨论该内容）。第二项任务交给了步兵与伞兵指挥部队的拉斐尔·艾坦旅长，他负责准备一支队伍，袭击埃及境内的纳格·哈马地变电站。该变电站负责将阿斯旺大坝输出的高压电降低后输往埃及南部的大部分地区。此次突袭行动的目的是破坏埃及大部分地区的电力供应。

为展开此次行动，拉斐尔命令以色列国防军35旅副旅长多夫·塔马里中校准备并训练一支特别行动队伍。随着日子的一天天临近，马腾上尉被任命为特别行动队队长。

马腾1944年出生于耶路撒冷，并在此成长和接受教育。16岁那年，他转学到海法瑞阿里高中的附属寄宿军校继续学业。1962年，马腾应征入伍，并志愿成为了一名伞兵。作为一名年轻的军官，他曾多次参加特别行动；在希伯伦山南的萨姆瓦袭击行动中负重伤。在身体复原之后，马腾被任命为伞兵突击队队长；他指挥的突击队诸多行动中还包括约旦境内卡拉米的反恐袭击。

战斗环境
The Combat Arena

纳格·哈马地变电站是尼罗河沿岸的四个变电站之一，位于纳格·哈马地城附近，在尼罗河西岸，靠近尼罗河的一个马蹄弯处，在开罗南大约500公里之外。以色列埃拉特到该变电站的距离大约也是500公里。不过突击队计划从西奈南部的沙姆沙伊赫机场起飞，从这里到纳格·哈马地最多大约290公里的路程。

纳格·哈马地变电站位于一个荒凉、开阔的沙漠地带，建筑面积有240米×240米。变电站外墙是3米高的水泥墙，里边有一排九座变压器，这是突击队要袭击的目标。旁边有密集的电线杆。变电站里还有一座主楼，一个调度站，数个燃料箱以及其他几座建筑。变电站的大门在西侧。每个变压器长宽高大约4米×4米×5米，分别被水泥墙隔开。情报人员对此变电站的预估为，由于变电站的偏僻性和处于沙漠地势中的孤立位置，变电站及其周遭不会有任何军事力量保护，只会像普通重地一样有人员守卫。

> **准备任务小组**
> Preparing the Force for the Mission

1968年10月20日星期天,以色列国防军35旅副旅长电话通知马腾上尉,命令他到旅长办公室报到,接受特别任务。此时马腾刚完成他在该旅侦察连的服役期限,被任命为以色列国防军890营副营长。接到电话之后,马腾从约旦河谷驱车前往位于以色列中部的旅指挥部,向旅长丹尼·马特上校报到。

旅长命令马腾准备一支特别部队袭击敌人后方。旅长接着补充道,从那一刻起,马腾将直接受命于副旅长多夫·塔马里的领导。塔马里是特别行动专家,在马腾接受任务几个星期之前他就已经开始训练特别任务小组了。塔马里没有透露具体在哪个国家开展行动,只是告诉马腾此次行动计划是袭击一座变电站。在塔马里协调之下,特别任务小组的训练一直由侦察连副连长阿米凯·扎金负责,马腾到位之后接过训练任务。这次行动的所有训练工作在突袭计划被批准之前已经开始进行了。

队员伊扎克·哈鲁夫说道:"我们得知马腾已经接管整个行动时,所有人都感到欣慰。马腾深受突击队队员的爱戴,而且还是所有指挥官中人气最旺的。我们都信任他的判断力,愿意无条件服从他。"

马腾指挥训练了几天之后,特别任务小组人员从8人增加到14人。突击队的所有队员都想参加此次行动,但是参与人数有限。最终,以下队员组成了特别任务小组:嘎迪·奈格比,侦察连连长,被任命为马腾的副官;摩西·艾德尔斯坦(莱谢姆),该旅工程连连长;阿米拉·扎金,数天前刚被任命为202营的连长,但因其参与了突袭任务的准备工作,被许诺如果展开行动,他一定是其中一员;伊兰·麦迪纳,该旅通信连士兵,以及另外9名来自侦察连的士兵。

马腾回忆道:"起初,我们没日没夜地进行跳伞训练。我并不喜欢这样的计划,因为大家跳伞后都散落到不同的地方,我认为这根本行不通。我跟拉夫尔说,如果采取跳伞,行动不可能成功,所以我们必须坚持坐直升机过去。"

虽然拉斐尔·艾坦也希望通过直升机运送部队，但是需要等候以色列空军的答复。做出决定由直升机运送特别任务小组之后，训练改为与114空军中队一同进行。114空军中队有一群超级黄蜂式直升机，由哈依姆·纳卫中校指挥。

战斗人员每人都配备有乌兹冲锋枪、卡拉什尼科夫步枪、两挺MAG机关枪以及两个反坦克榴弹发射器。队长和副队长各配备一支带有消音器的乌兹冲锋枪。战斗人员都穿着与埃及军人相似的浅色制服和宽沿帽子，所有制服上都印着希伯来文字母"tsadi"（צ），即希伯来文"军队"这个词的首字母。因此，若有任何士兵被俘，都会被视为一名被俘虏的以色列士兵，而不会被埃及方面以间谍身份判处死刑。

特别任务小组面临的技术问题
Technical Issues Facing the Force

为了了解变电站，以及如何在最短的时间内造成最大程度的破坏，副旅长、特别任务小组队长和小组工程官做了大量的准备工作。他们向以色列电力公司的专家们请教学习，接着把所有队员带到阿什杜德和斯垂亚（在毕陆枢纽站附近）的变电站，让大家熟悉变电站的情况并接受培训。

特别任务小组工程官摩西·艾德尔斯坦解释说："每个变压器中有一个线圈，工作时会发热。所以线圈被放在油箱中降温。每个油箱容量为50吨油。为了摧毁一个油箱，需要半公斤炸药把油箱炸开一个洞，油就漏出来了。"有一次开会时，总参谋长哈依姆·巴列夫对大家说："什么？我们飞几百公里，一个变压器才需要半公斤炸药？"后来我们按照他的话，为每个变压器准备的炸药增加到9公斤。"

总而言之，整个特别任务小组携带了90公斤的炸药：9个变压器，每个9公斤炸药，另一份9公斤炸药以防有必要炸变电站外墙时使用。小组携带的炸药都是带有雷管线的塑胶炸弹，一般情况下炸药必须跟主雷管线连着。

基瓦特·布利那基布兹是侦察连副连长伊基·考特乐的家，他很失望没有参加这次行动。这个基布兹为此次行动建造了两个器材：一个大型木制圆缸，用来装载300米长的双雷管线，还有一个运输炸药和其他器械的步兵推车。推车有两个轱辘和一根轴，跟降落伞的带子连在一起，队员把自己与推车绑在一起，拉着推车毫不费力。

变电站的水泥外墙有三米高。为了使所有器械能够越过此墙，他们用侦查帐篷的铝制杆和降落伞的绳子制作了一个十米长的轻巧梯子，控制住梯子的一头，另一头就能很容易扔过墙去，正好够到地面。通常墙头会插着玻璃碎渣，因此还携带了羊毛毯，以便搭在墙上，盖住碎玻璃。

接受任务和战斗步骤
Receipt of the Mission and Battle Procedure

1968年10月26日星期六，埃及军队向苏伊士运河沿岸的以色列国防军发动炮火攻击，轰炸从北部的坎塔拉一直延伸到南部的苏伊士湾。猛烈的轰炸造成了15名以色列士兵阵亡，34名受伤。作为报复，以色列政府批准了国防军实施纳格·哈马地突袭行动。

那个星期天晚上，行动指挥小组开会，由总参谋长主持，全体策划及行动人员参加，包括负责空中任务的哈依姆·纳卫中校，以及特别任务小组队长马腾上尉。这是马腾第一次听说他的真实任务——炸毁距离西奈半岛南部沙姆沙伊赫290公里之外的纳格·哈马地变电站。此次突袭行动将在四天之内进行，即10月31日周四至11月1日周五之间的那个夜晚。

对于一次特殊行动而言，此次战斗持续过程相对较短。三架超级黄蜂式运输直升机负责运送部队，其中两架将部队送到指定地点，另外一架在任务完成后将部队接回。指挥小组会议结束之后，多夫·塔马里和马腾立即根据1:250000的地图和空中拍摄图片起草了行动计划；第二天，计划就报给了总参谋长。

马腾回忆道：我们在通报如何炸毁变压器时，巴列夫告诉我们，"我们在帕尔马赫（译注：以色列建国之前的犹太人秘密武装组织）那会儿，我们可不是这么炸毁艾伦贝大桥的（译注：西岸通往约旦的桥，巴列夫指挥过1946年6月的炸桥行动）。"我跟他说："长官，那是很多很多年以前的事了。"虽然巴列夫同意我的说法，但一名上尉对总参谋长这样讲话还是显得有些无礼。

总参谋长就这个行动计划谈了他的看法并给出指导意见后，马上又安排了第二天星期二早上的会议，讨论该行动计划是否能得到批准，并指出演习将于当天晚上在迪莫纳地区进行。

即使到了这个阶段，任务依然处于保密状态，马腾不能向队员透露任何消息，他仅向他们展示了空中拍摄的变电站图片，并没有提到这是埃及的纳格·哈马地变电站。马腾告诉队员们，星期二至星期三晚上在迪莫纳地区进行演习，所有人员都必须做好准备，几天之内开展行动。详细介绍行动计划之后，队员们都解散去准备行动了。

部分准备工作早在任务批准之前就已经开始，在批准之后才完成的。这些准备工作包括花时间在变电站里熟悉电压变化发出的噪音和电弧；学习和训练如何将炸药包附到变压器上面，并且将其与主雷管线连起来；专家教授几个阿拉伯语基本词语，以应对突然的盘问；讲解如何应对被俘；鉴于路途遥远，队员们都携带远距离通讯器，由通信员伊兰·麦迪纳负责操作。

星期四晚上，队员在迪莫纳一个地方进行了最后一次演习。该演习主要集中在队员与直升机的配合方面，其中包括两架直升机运送部队，然后部队徒步进到目标内部，实施爆炸，最后登上第三架直升机返回。

马腾回忆道：演习与行动计划存在着天壤之别。演习中的设施小，和目标无法相比，而纳格·哈马地变电站比我们所知的任何以色列变电站都要大得多。从演习效果来看，并不理想。不过，就像老话所说：如果演习很糟糕，那么正式行动肯定会很顺利。

10月31日星期四早上九点半，指挥小组跟总参谋长开最后一次会议。这次所有队员都出席。总参谋长表示,总的来说这将是一个勇敢而精干的行动。出其不意才是成功完成任务的必要条件。总参谋长补充说,他完全确信这次行动会成功,因为执行这次任务的都是优秀队员。

马腾深知此次行动很危险,但他有信心完成。尽管此次行动主要由总参谋长负责,但马腾知道,在深入埃及之后,他才是真正的行动指挥官,确保行动成功的责任全压在他肩上。

当队员得知攻击目标时,他们在激动不已的同时,也不免焦虑不安,因为此次突袭行动深入埃及腹地,而此前以色列国防军行动中尚未有先例。队员士罗莫·艾什克说道:如果说有个人在任务执行日期临近之时坚定了我们的决心,那肯定就是我们的队长马腾。行动之前,我们担心地面情况复杂,我们不知道该怎么办,但是跟着马腾,我们感觉不会有任何问题。对我们而言,马腾无所不能;我们相信他,并且百分之百地依赖他。

情况通报和准备工作完成之后,任务小组飞往西奈半岛南部的沙姆沙伊赫。在总参等待着他们的是以色列国防军的高级军官们,以国防部长摩西·达扬为首,还有总参谋长巴列夫,以及总参作战部部长埃泽尔·魏茨曼。紧张与兴奋笼罩着在场的每一个人。临近傍晚时,有关方面为突击队员提供了规格相当高的晚餐。有的队员戏谑地说,这肯定就是他们"最后的晚餐",正因如此,有人说,"我们如饿狼一般大快朵颐"。

运送马腾队伍至目的地
Flying the Force under Vilnai to the Target

1968年10月31日(星期四)18点45分,突击队员们登上了沙姆沙伊赫机场的两架超级黄蜂式直升机。两架直升机计划19点起飞,一个半小时后在纳格·哈马地变电站以东4公里的地方降落。计划21点45分马腾带领队伍进入目标,22点完成爆炸任务。

第一架直升机的机组人员包括飞行员兹夫·马塔斯,副飞行员西蒙·凯瑞和空中机械师什姆尔·拉曼尼。这架直升机上载有队长马腾和七名队员，他们是摩西·艾德尔斯坦、梅尔·赖温格、伊扎克·哈鲁夫、奥飞·格林堡、西莱尔·巴-哈依姆、班尼·巴吉尔以及伊兰·麦迪纳。

第二架直升机机组人员有飞行员绍尔·沙飞，副飞行员阿吉瓦·瓦迪和空中机械师阿龙·博卡，任务小组成员有副队长嘎迪·奈格比和另外五名队员：阿米拉·扎金、士罗莫·艾什克、艾力·扎德曼、宾亚敏（宾亚）·杰迪迪以及扎夫里尔·瓦迪。机上同时还装有一辆装载炸药包的步兵推车、雷管线卷和其余器械。

19点就要起飞了，然而，就在起飞前的最后几分钟，第一架直升机突然出现故障。机组人员和任务小组都被转移到另一架在机场准备就绪的备用直升机上，因而导致了七分钟的延误。

行动计划受到意外的干扰，为队员们早就普遍存在的紧张情绪火上浇油。尽管如此，因为顺利飞越埃及，他们的紧张情绪也很快平缓下来。

马腾回忆说：当他们还在换直升机的时候，作战部军官丹尼·沃夫过来找我，对我说，我们拿到的几张地图有明显的差别。我告诉他，这是空军的问题，他们负责把我送到指定地点。其实我内心深处也知道这可能也会是我的问题。

比预定计划晚起飞了七分钟，我们开始飞往目的地。丹尼·沃夫的提醒并没有成为耳旁风。马腾站在飞行员和副飞行员中间，空中机械师后边，一边望着地面，一边紧张地在1:50000地图上注意着飞行方向。那个夜晚皓月当空。直升机低空飞行，不开灯光，编队紧凑。每当难以辨认位置时，直升机就会飞高来获得更广阔的视野，然后马上飞回原来高度。

当直升机飞越尼罗河上空时，第一架直升机被火车的探照灯照射到。飞行员兹夫·马塔斯担心他们已经被发现，马腾判定这只是巧合，并要求一切照常进行。

直升机飞向尼罗河西岸，马腾在还有一段距离时就辨认出了变电站。就在他们要抵达指定地点时，飞行员提醒马腾变电站周边有一团燃烧的营火。马腾稍做分析后，便令飞行员继续按照计划飞行；与之相反的是，因为起飞延误的缘故，马腾甚至下令飞行员将直升机降到了比计划中离目的地更近的地方。

即使从远处看，变电站也是清晰可见。变电站被内部的电线杆上的灯光照得通亮；变电站外边西北方向的工作人员住地灯光更加明亮，极其容易在空中看到。

兹夫·马塔斯回忆说：我们这些飞行员，因为自身的职业道德，习惯于在空中观察并确定自己所在的位置。不是我自吹，也不是想象中那么简单。据我所知，极少地面指挥官可以在第三维度中辨清方向。在这方面，马腾绝对是个例外。他就属于那极少数人中的一个，知道如何在空中认清方向并判断自己的方位。

队员班尼·巴吉尔也说：马腾的空中定位与导航能力给我们留下了非常深刻的印象。我们都知道他平时在地面上有出色的方向感和导航能力，我们也因此非常信赖他。虽然这样，看到他在比地面还快的速度低空高速飞行时，依然能够保持准确的定位能力时，我们所有人都感到很震惊。

第一架直升机降落在了指定地点以东3公里处(而不是预定的4公里处)，并激起了大量尘土。与此同时，第二架直升机在空中盘旋等待。马腾在机舱内已经坐立不安，他巡视了四周的地势并下令大家落地。当第一架直升机起飞后，马腾立即用手电筒的灯光为第二架直升机指引降落。就在第二架直升机要降落时，突然间尘土飞扬，致使飞行员无法看清地面。直升机开启灯光，并估算高度，最后来了个硬着陆。当直升机砸在地面时，队员们个个都被撞晕了，不过很快就缓了过来，然后携带步兵车和其他器械离开了直升机。第二架直升机也飞往以色列，将任务小组留在了沙漠里。

徒步前往目的地
Moving on Foot to the Target

直升机激起的尘土散去之后，队员们发现他们周围是浅色平坦的沙漠，什么植被都没有。士罗莫·艾什克说道："直升机飞走以后，我们在沙漠中孤立无援，现在我们完全靠马腾了。"如之前在以色列训练的那样，队员们组织起来，由马腾和奈格比在前面带队，后面是推着步兵车的五名队员——其中一个握着车把以稳住推车，另外两名队员在车子两侧用伞带把推车绑在自己身上拉着前进。每侧都有三名队员保卫小组的安全，还有一名队员紧跟在推车后面。

马腾迈着矫健的步伐，带领部队朝西面大约3公里以外的变电站前进。他们尝试通过空中发射信号与指挥部联络，但是并未成功。这一来马腾陷入了进退维谷的境地，因为他的部队深入埃及腹地，距以色列有数百公里之遥，孤立无援。正因如此，他不能冒任何风险。

马腾回忆说：给我们的指令是，如果无法与总部取得联络，我们将原地待命等待救援。虽然这样，我告诉自己："既然我们来到这里，使命在身，我们必须执行任务。"我知道行动必须按照计划好的时间来操作，目前为止，我时间控制得不错。

队员们的浅色制服迅速与沙漠环境融为一体，他们快速大胆地前进着，即使被人发现，也只会被当作是埃及士兵。队员们精神状态极佳，即便是背负着重武器和设备，依然身轻如燕，步履如飞。

马腾回忆说：我走着走着，突然心里有点发毛。我好像听到了车子的声音，心想我们被跟踪了。我命令部队停下来几次，这样我可以听清声音。最后，才发现声音来自我们随身携带的大型通讯器发出的声响。既然那个仪器不工作，我便命令信号员伊兰关掉了它。

突击队在变电站围墙边停了下来。马腾走进围墙，踩在士罗莫·艾什克的肩上。马腾的副队长奈格比也做出了同样的举动，踩在了班尼·巴吉尔的肩上。他们爬在墙头上（后来被证实墙头并无嵌入的玻璃碎片）向变电站内张望。站内灯光昏暗，设备的噪音很大，根本就是空无一人。

马腾很庆幸他们准确达到了围墙的指定地点。他迅速认出了那九个排成一排的变压器。第一个变压器离围墙大约70米远，最里边的离围墙大约160米远。马腾观察到他左侧电线杆林立，若靠近则极其危险。另一方面，如空中拍摄照片所示，右侧则相对比较开阔。马腾与奈格比商量好，进入变电站后，奈格比负责在最右侧保护部队的安全，因为有人可能会从那边的楼里出现。与此同时，马腾负责保护中间地带，即主楼对面和变电站的大门入口。

他们两人从围墙上下来。马腾给队员简明扼要地介绍了情况，并告诫他们不要被里边的变电站和变压器的规模吓到，因为这些比他们在以色列所见过的那些要巨大的多。马腾同时补充说，他们已到指定地点，大家应该准备好跳进去。

准备炸毁目标
Preparing the Target for Dtonation

马腾又重新爬到围墙上再次观察变电站。然而这次他却惊奇地发现了一名埃及士兵站在变电站外面，扛着步枪自右向左边走。此时是周四晚上21点45分。

马腾回忆说：我对自己说，这个阿拉伯小子，十有八九是个巡夜的，我们得想办法让他离开这儿，然后我们就开始行动。不幸的是，这个巡夜人就这么坐在了离我们左侧不足40米处的板条箱上。此时此刻，我感到压力巨大，时间开始对我们不利。我担心这个巡夜的士兵会让我们没法执行任务，因为我们有严格的时间表，所以我必须做出决定。

马腾陷入的可不是一般的困境。对于一支深入敌国腹地的突击队而言，一旦出现危急情况，生还的几率微乎其微。不仅如此，距离变电站大门最远的一边有巡夜人存在，暗示着另一边也会有其他警卫存在，突击队发起行动时，他们必然会开火。即使一切按计划进行，依然会有队员因此受伤，甚至会有更严重的情况出现。

马腾最终还是做出了决定。他将全力以赴完成任务，不去计较代价。他和奈格比分别跳过了围墙，并用阿拉伯语向那名巡夜人喊道：

附录3 纳格·哈马地军事行动
Nagh Hamadi Operation

"喂！我们是埃及军人，你过来。"然而那名巡夜人听出了马腾的以色列口音，仓皇逃跑，一边跑一边大声叫喊。奈格比回忆说："马腾让我用消音武器干掉那名巡夜人，可是他还是很快逃到那群电线杆子里了。我只好放他一马，因为担心触电身亡，我们不能进入那片地区。"

现在马腾又面临一个难题，很明显那个巡夜人逃走后会去搬救兵。不过尽管如此，马腾估计他和他的队员们还是可以在埃及援兵赶到之前，就把炸毁变电站的准备工作处理好；因此，他要求队员们按预定计划行动。

从那一刻开始，整个突击队行动起来就像一台上了油运转顺利的机器：铝制梯子一半被扔过墙，两边的梯子最下端都坐着一个队员，其余人员则顺着梯子爬到了墙的另一边。队员拿着电子炸药包，传递着盘圈成一团的雷管线，火急火燎地赶着完成任务。留守在墙外以确保大家安全撤退的，分别是配有反坦克榴弹发射器的宾亚敏·杰迪迪和通信员伊兰·麦迪纳。

自那个阶段开始，就像计划的那样，整个行动以快速行走的形式进行，而不是跑步前进，为的是不让埃及方面怀疑他们是敌军在行动。马腾和哈依姆来到最后一座变压器的后面，站在对着主楼和大门入口的位置，确保炸毁变压器的准备工作能够安全进行。副队长奈格比和配有反坦克榴弹发射器的扎德曼前往最右面，面对着最里边的建筑，保护整个小组的安全。工程官艾德尔斯坦随格林堡走到最里边的变电器那里，格林堡开始从这里向着墙的方向滚动主雷管线圈。艾什克、扎夫里尔、赖温格、哈鲁夫，还有巴吉尔将炸药包放置在了连接变压器油箱的箍圈中。除了医务兵班尼仅负责炸毁最近那个变压器以外，其余每个人都负责摧毁两个变压器。阿米拉·扎金待在墙边负责保护部队，同时还注意观察左侧动向，也就是埃及巡夜人逃跑的方向。

居住区的灯光非常昏暗。阴影和电弧的闪光让人无法看清里面究竟有没有人。不仅如此，电力系统发出的噪音和电弧震耳欲聋，使人难以听清任何声音。嘎迪·奈格比回忆说："我突然看到有人从右侧最里边

的房子里走了出来。我赶紧用我的摩托罗拉呼叫器呼叫马腾,他也有同样的设备,我告诉他,我看见有五个人从右向左朝着他的方向跑去了。"

几秒钟后,马腾看到了那五个人朝他的方向跑过来。他们靠近时,马腾给巴–哈依姆发送信号,然后他们两人同时开火,击毙了四人。奈格比和扎德曼也同时向那群人开火,杀死了另一名。

紧张气氛在此时达到了极点。之前碰见巡夜人,马腾还觉得没什么问题,不过现在已经很清楚,他们已经被发现了,必须赶在埃及援兵赶到之前尽快完成任务。马腾担心会有伤亡,而且事态会复杂化。他冲工程官摩西·艾德尔斯坦喊了一声,让他告诉大家,已经完成任务的可以提前离开变电站。队员们都加紧行动,为的是尽早完成任务。也许他们刚才没有听到枪声,因为电站内噪音太大了。

格林堡已将主雷管线拉到了围墙上。同时,队员们先将炸药包附到了环绕着油箱的铁箍上,再把附到炸药包上的短雷管线连接到了主雷管线上。工程官艾德尔斯坦一个个检查变压器,并在塑胶炸弹上凿了一个洞,然后在上面插入了一个1小时的定时铅笔,之后把它盖好。

负责在墙边保护部队安全的扎金将散在地上的板条箱都堆放到了墙边,以便队员能够快速翻越围墙,离开变电站。每位队员布置完炸药包,并将其与主雷管线连接上,完成任务后就跑向围墙,登上扎金准备的板条箱,翻越过围墙。

几分钟后,埃及援兵赶到了变电站。埃及军人冲出车辆,向着四周疯狂扫射。艾德尔斯坦回忆说:我将定时铅笔插入炸药包中,检查炸药是否与主雷管线已连接好,马腾一直在边上掩护我。我们快要接近围墙时,敌人的炮火已从右侧向我们扫射过来。我们没有想到埃及军队反应这么快。我们就像导弹一样冲向围墙,快速跳到墙的另一面。本来计划是要连接定时为九分钟的引爆系统,但由于敌军开火的缘故,我只好又同时连接了一个定时更短的引爆系统。

扎金在墙边开枪掩护大家,同时确保每名队员安全撤出。马腾和奈格比一边向敌军火力方向开枪,一边奔向围墙。马腾从扎金那里得知所有人员都已经撤离变电站后,他才最后一个跳过围墙。然后,马腾命令艾德尔斯坦启动最短的引爆系统。

炸掉变电站
Detonating the Transformers and Ending the Mission

马腾很欣慰突击队完全按照计划的时间完成了任务。在变电站内布置炸药的时间总共不超15分钟。再次确认每位队员已经撤出变电站之后,马腾下令引爆炸药,然后大声呼叫大家撤退,即使听见爆炸声也要一步不停地向前跑。

艾德尔斯坦连接好定时60秒的短时引爆系统,大喊一声"爆!"士罗莫·艾什克回忆说:我们疯狂般散去,大约跑到离变电站有200米的地方时,突然听到一声震耳欲聋的爆炸声。爆炸带来的可怕冲击力将我们大家都拍到了地上。巨大的蘑菇云笼罩在整个天空,油滴和铁渣如雨点般砸落到我们身上。之后,周围就静得出奇。

那场大爆炸给队员们留下了深刻的印象。如奥飞·格林堡所说:爆炸点燃了整个地区。我们感到一股巨大的热浪席卷而来,然后看到一个云状物升入空中几十米高。虽然马腾事先跟我们讲过爆炸后也要一刻不停地狂奔,但是冲击波还是把我们冲上天,然后又将我们摔在了地上。

即使在几十公里以外,爆炸和火焰依然清晰可见。一些队员说自己被冲击波震到一边,还将其描述为"一个不存在于这个星球的大爆炸,像是一个难以形容的原子爆破"。

马腾跟其他队员一样,爆炸的冲击波把他拍到了地面上,不过他很快就恢复了状态,然后命令大家赶紧起来跟着他跑。他回忆说:450吨滚油能飞到空中也不容易。我当时的第一反应就是,现在黑云密布,我们的直升机可能不能来救我们了。我必须对每个队员负责,这样的责任感我丝毫没有松懈过。

马腾试图与指挥部联系,然后又努力和其中一架直升机取得联系,均未成功。他只好将方位角取出,找到一个小山的位置,计划行动时已

经得到批准,如果出现危急情况,他们可以向小山方向前进。同时,马腾下令工程官艾德尔斯坦沿着撤退路线铺设反步兵地雷。艾德尔斯坦有一背包小盒地雷;他与赖温格分别埋设了四组地雷,每组五个。

嘎迪·奈格比回忆说:行动时我们携带了三把降落伞,为了要制造一个假象,让埃及人认为突击队是空降下来执行任务的,所以我们打开了降落伞,把它们扔到了地上。

摩西·艾德尔斯坦补充说:我们计划就是让埃及难堪,以达到震慑他们的目的。我们的地面部队制造了突袭,变电站的毁坏不是空袭造成的,而埃及事后就是想说他们的变电站是空袭毁坏的。为了达到这个目的,我的一个任务就是携带照相机,拍下在变电站内的地面行动,并记录在案。可是当我们返回以色列之后,冲洗相片过程中出现故障,底片都被烧毁了。

队员梅尔·赖温格回忆道:这些都是事实,我们的任务已经完成,被留在荒漠之中,无法与外部取得任何联系。同时,怎么把我们从埃及深处救出去,也不清楚。我们只能一切都靠马腾了。我们觉得自己很幸运,我们的队长是马腾,而不是别人。马腾头脑清醒,考虑周全,显示出少见的信心,让我们感觉一切都在掌控中。

在接下来的40分钟内,队员们一直在拼命逃离引爆的变电站。期间马腾一遍遍地用他的MK25通讯设备与总部联系,期望着上面会回应他。突然间,听到救援直升机飞行员丹·帕萨赫在通讯设备里回答:"我在三分钟后到。"马腾说:这简直太棒了!我们正在荒漠之中,突然听到了帕萨赫的回答,我长长地松了一大口气。两分钟后,我听到了直升机的声音,赶紧打开我的手电筒,用光束告诉他我们在这里。

星期四晚上22点45分,救援直升机降落到了突击队员身边。直升机内有飞行员丹·帕萨赫,副飞行员阿里克·本-阿里以及空中机械师阿里克·亚阿拉米。不仅如此,机组人员中还包括旅情报官阿姆农·力普金-沙阿克,他很高兴见到大家。突击队员们火速登上直升机,然后立即起飞。马腾和其他队员此刻终于感到彻底解脱了。

大约飞行一个半小时之后，直升机降落到沙姆沙伊赫机场。直升机加满油后，飞回到以色列中部的空军基地。凌晨时分，召开了第一次总结小会，出席的有国防部长、总参谋长以及其他参与策划此次突袭行动的高级军官们。

总结马腾指挥下的战斗
Summing up the Battle under Vilnai's Command

马腾上尉指挥的突击队圆满完成深入埃及后方的任务：纳格·哈马地变电站已被炸毁，全体队员安全返回。变电站被炸毁之后引起的后果是，埃及300公里电力系统被切断，甚至开罗南部地区都是漆黑一片。

此次突袭目标已经全面实现。埃及方面已经被纳格·哈马地变电站遭到突袭所震慑（与此同时以色列空军直升机空袭尼罗河上的两座大桥的行动也起到了同样效果），埃及政府被迫在保卫后方经济目标和设施上投入时间和资源。消耗战因此中断了四个月；在此期间，以色列国防军在苏伊士运河沿岸建立了一套可以抵御炮火轰炸的防御工事体系。

毫无疑问，此次行动的成功首先要归功于总参谋长哈依姆·巴列夫勇敢果断的决定。然而光是有一个大胆的决策是不够的，他还离不开艺高胆大之人的辅佐，突击队队长马腾帮助他实现了目标。

周密的准备工作以及部队的多次实战演习，再加上马腾的勇猛无畏、冷静的头脑和智慧，以及他一手挑选的优秀队员等多重因素，使突袭纳格·哈马地变电站成了一次教科书般的军事行动。

摘自希伯来文图书《 Watch Me and Follow My Lead-On Leading in Combat by Personal Example》第十四章 "1968年10月31日至11月1日晚马腾上尉指挥的突袭埃及变电站军事行动"

作者：爱力亚士·史姆施（Elyashiv Shimshi）

翻译：刘智旅

第二部分
从政之路
Part II
Politics

2012年年底,以色列总理内塔尼亚胡宣布国会提前选举。刚来北京工作几个月的马腾大使,从使馆的投票地点回到他的办公室,我们都很好奇,他把票投给了谁呢?是不是内塔尼亚胡?没想到,马腾大使说:"我是他的反对党。虽然我跟总理一起长大,我们是朋友,但是他的很多观点我不喜欢。"他说这话时,脸上流露出的是一种自豪的表情。接着他向我们解释说,以色列的选举是投票给自己支持的政党,不是给哪个个人。所以他把票投给了自己的工党。

我虽然在使馆工作已经有5年了,自己感觉对以色列还是有一定的了解,可是,如果不是马腾大使解释,我还真的以为内塔尼亚胡是由选民选出来的总理。对历史和政治毫无兴趣的我,在来以色列使馆工作之前,对这个国家的认识几乎为零。我们家的男人们在聊历史和政治时,我都是假装听不见,能躲多远躲多远。进入使馆工作,对我来说是一个极大的挑战,这里的工作政治强度大，我开始慢慢学习和了解以色列，学习的内容不仅仅是以色列的历史，而是这个古老的犹太文明，这个国家发生的时事政治，以及这个国家与周边国家复杂的关系。回到家里，我也开始跟先生聊我在使馆的所见所闻，他说我来使馆工作之后，变化很大，开始关注中东地区的政治了。

　　退役将军马腾进入政坛已经12年了，从政这么多年，算得上以色列有资历有实力的政界人物。1998年，马腾加入以色列工党不久，就迎来了全国大选，他的政党赢得大选，有他很大的功劳。他开始在巴拉克政府内阁担任部长。紧接着2001年在沙龙的政府内阁负责加沙撤军，继续担任部长和国会议员。2006年沙龙生病后，奥尔默特接任总理，马腾就任国防部副部长。2009年内塔尼亚胡担任总理后，马腾成为国土安全部部长，全权负责以色列国内安全防护建设。

　　我清楚地记得，2008年12月底，以色列发起针对加沙的"铸铅行动"时，我来使馆工作刚一年。以前从没有涉及过军事话题的我，现在要面对"铸铅行动"，每天跟着大使去见媒体，解释和重申以色列政府的立场，介绍行动的进展状况。这就是以色列驻外使馆的工作，争取所在国对其行动的理解和支持。当我们在北京忙着进行以色列公关活动时，马腾部长正在国内忙他的国土安全建设。

　　2006年的黎巴嫩战争，以色列北部居民受到了很大的影响，他们完全暴露在对方的视线内，从后方变成了前线。用马腾部长的话说：每个出生3个月的婴儿都成了前线的战士，因为他的家园已经变成了战场。以色列吸取这次战争的教训，让担任国防部副部长的马腾负责国土安全。为建设整个国家的防护体系这一浩大的工程，以色列政府新创建了国土安全部，由马腾担任部长。军人作风的马腾部长大刀阔斧地开展他的工作，为每家每户建避难屋，为每个地区建指挥所，实地考察每个城市，就像小时候父亲带他游遍以色列那样。

第五章　从政之路（1998-2012）
Politics

小孙子（大儿子的孩子）割礼仪式上，马腾与夫人和小儿子合影

公立学校消除暴力公共委员会主席
Chairman of Public Committee for Reduction of Violence in Public Schools

从政之前,我在刚离开部队时,教育部长就找到我。我以前从来没跟这位部长说过话。他对我说:"马腾,我想让你负责教育部公立学校消除暴力委员会。"我对他说:"部长,我一辈子都在用武力捍卫我们以色列国。我对学校的暴力一无所知。"他说:"我了解你,我们一起干吧!"

教育部的工作人员在争论,他们到底需不需要一个外部的委员会做这个工作。他们认为,自己对所有情况都了解,他们也知道怎么办,所以不需要外人给他们建议。尽管这样,我还是建立了一个特别委员会,并坚持部分委员必须是学校的学生,因为他们会告诉我们学校的实际情况,对于校园,他们比任何人都了解得多。教育部的人也反对我这么做,他们认为不需要这么做,这些问题不需要问孩子们。最后我们还是建立了这样的委员会,这个委员会也运行了一年多。

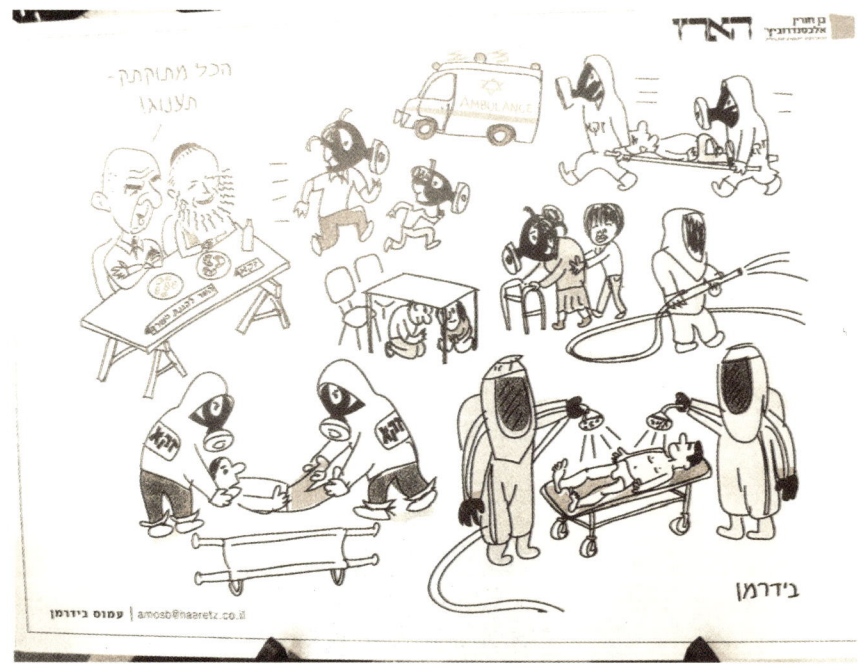

马腾任国土安全部部长时负责国民紧急情况处理。旁边坐的是卫生部长。马腾说:瞧,他们处理得井井有条。

我参观了几十个学校和幼儿园，跟数百个孩子见面。我每到一个学校，坚持要求跟校长和老师座谈，然后再见学生。我到的每一个学校，他们都会精心准备一个讲座，谈教育中出现的暴力和学校里的暴力。他们对理论掌握得非常到位。讲座的最后结论都是这样一句话：我们学校不存在暴力，暴力发生在另一所学校。然后我就去另一所学校，他们对我讲的也是这句话：我们学校不存在暴力，暴力发生在另一所学校。可是我是刚刚从那所学校过来的呀。

所以我明白了，就像我们军区存在的危机一样，人们不愿意承认有问题存在。他们习惯把所有的问题都藏起来，藏在地毯下面，堆积的问题越来越多，地毯就被掀到了房顶。

我完成这个委员会的工作时，已经是科技文化体育部部长了。我把我的报告交给新上任的教育部长，我跟他在同一个政府任职，但是他从没有去碰这个报告，什么事也没有做。我做的报告现在被放在网上，谁都可以浏览，包括我的建议和规定。很多学校的校长在自己的学校使用这些规定和我的建议了。教育部长从没有告诉他们应该怎么做，因为某种政治原因，这个报告来自另一个部长，而不是教育部长本人，另一个部长也不能告诉教育部长他该怎么做。

对我来说，这又是一次教训，人们不愿意看到现实，只愿意看到他们想看到的。这种情况跟我当以色列国防军人事部部长时的情形一模一样。

加入工党
Join the Labour Party

我离开军队后，总理请我做他的国防部长，这是他的秘密建议。他说他想把目前的国防部长开了，请我做他的国防部长。我告诉他，尽管他的建议对我有诱惑，我还是决定不担任他的国防部长，我反而要去支持他的反对党——工党主席艾胡德·巴拉克。

我们在他的官邸为这事讨论过好几次，每次我都是在半夜时分过去，因为这些都是机密。他跟我在耶路撒冷住在一个社区。我去他家

马腾在一个活动上讲话

里,都是从不常用的门进去,这样我就不会被媒体看到。

我决定参加反对党工党,这是拉宾和埃胡德·巴拉克的政党。我知道,如果我听总理的建议,取代了国防部长,国防部长可能会报复我。一天,在前往特拉维夫工党党部的路上,总理给我打电话,说:"我知道你现在要去找埃胡德。我想请你再考虑一下我的建议。"我对他说:"对不起,我要去加入工党。"

我1999年2月加入工党,还有6个月就要进行大选了。当时是他们请我加入的。埃胡德·巴拉克是工党主席。我们以前一起在军队服役,他是总参谋长,我是南方军区司令,我们彼此很熟,是一起长大的。我去找他,他对我说:"还有三个星期我们党内需要选出代表,以便下一届议会有我们工党的席位。三个星期时间很快就到了,而你刚加入进来,没人知道你。我会设法让你进入党内前10名。"我马上告诉他:"我不喜欢这样做。我愿意按程序走，按人们喜欢的方式做事。"他说："你没有时间按程序来。"但是我已经决定了要这么干。

在这三个星期里，我严格遵守工党的程序，就像在军队里一样。三个星期以后，党内竞选代表，我的名字排在了第三位。大家都很吃惊，他们认为我能够进前10位已经很不错了。之后我负责我党在耶路撒冷市区的大选活动。大选结束后，巴拉克出任以色列总理，他让我当科技文化体育部部长，同时兼任以色列阿拉伯事务委员会主席。

在以色列，每五个以色列人里就有一个是阿拉伯人，也就是说，以色列有20%的人口是阿拉伯人。他们中的一些人的家人在巴勒斯坦，所以处理以色列阿拉伯事务非常复杂。总理让我担任这个以阿事务特别部长委员会主席，我同意了，然后开始着手工作。

我刚担任科学、文化和体育部长时，人们说：他是一位将军，怎么能当文化部长呢？过了一段时间，文化界的人们，包括戏剧、电影界的人士，他们的看法改变了，他们说：我们想让他一直当下去。

特别法
Special Laws

1. 电影业特别法

担任科学、文化和体育部长初期，我的一个任务就是为电影业通过一个特别法。以色列电影业形势很严峻，虽然电影界的人们都很优秀，他们制作的电影也很不错，但是他们没有资金制作电影。我为他们通过了一个特别法，财政部必须根据这个法给电影业拨款。政府反对这个特别法，总理也反对，财政部长当然更反对，因为他们不喜欢别人告诉他们把钱拨到哪儿，他们要自己决定。

作为部长，我通过了这个特别法，是得到了反对者的支持，这是一次绝对不寻常的做法。我为了支持这个特别法，站在议会的讲台上，反对政府的决定。财政部长为此对我恨之入骨。我在议会讲话时，他们派来一个联合政府的代表，一位议员，他对我说："马

科学、文化和体育部长马腾给优秀电影制作者颁奖

腾,我们反对这个法。"他就站在我面前,讲台的下边。我说:"谁反对?我是文化部长,我们需要这个法,我支持这个法。我要尽我的最大力量让这个法通过。"所有的议员都笑了。几分钟后,我们通过了这项特别法。这很不正常,因为部长们必须遵守政府的规定。

其实我当然很清楚,支持电影业的发展根本用不了多少钱,拨这笔款给电影业,并不会改变政府的工作重点,也影响不了政府的工作。可是,另一方面,这笔钱却能拯救以色列电影业。与此同时,我也警告那些电影制作者,如果他们没有能力制作出好电影,这个特别法就会被取消。令我欣慰的是,有了这笔拨款之后,以色列电影业开始蓬勃发展,他们在世界各地的电影节上不断赢得奖项,工作能力也越来越强了。后来他们称我为"承诺并实践的部长",因为政客们一般是答应了的不一定去做,而我是说到做到。

2. 寡妇特别法

我担任国防部副部长时,为寡妇通过了一项特别法。不幸的是,以色列有数千名寡妇,她们都在战争中失去了自己的丈夫,这是一个非常特殊的群体。上世纪50年代,以色列有一项法律规定,每一位在战争中失去丈夫的寡妇,可以从国防部得到一笔抚恤金。不过如果她再婚,她将失去这笔抚恤金。这项法律在上世纪50年代也许合适,但是现在时代不同了,这项法律就不能再沿用下去了。在我看来,问题的关键在于,她是在战争中失去了丈夫,这一事实是无法改变的。所以我们开始考虑如何补偿她们的问题。

有很多人强烈反对这项特别法。所有的国防部长都答应过要通过这项法律,可是没有人真正去实施,就像电影业的特别法一样。不过,要通过这项法律,难度还是很大的,因为对寡妇的补偿需要一大笔钱。

作为科学、文化和体育部长看望残疾运动员

有三个寡妇代表她们的组织前来找我,他们的丈夫都曾经在我的军区服役,我对他们都很熟悉。我听了她们的诉求,答应这三位寡妇,我会管这事的。此后,我与每个人辩论,最后,我们通过了这项特别法。

我去议会,去政府,不断游说,跟争取通过电影业特别法的过程一样。我到了议会,一半的议员都到了,他们都在忙自己的事。我对他们说:"过几分钟,你们将为战争中失去丈夫的寡妇们的特别法投票,我希望你们都支持这项法律,没有人反对。我们这里有60人,我希望看到支持的人是60,反对的是0。"结果真的就如我所预期的那样,议会通过了那项特别法。从那以后,寡妇可以再婚,并没有改变她因战争失去丈夫的事实。以前她们跟新的爱人住在一起,却不能结婚,因为担心结婚后会失去抚恤金。这项特别法赋予她们再婚的权利,而不会失去抚恤金。出于对我的感激之情,在我来中国作大使之前,她们专门为我举办了一场令人感动的欢送仪式。

3. 预备役士兵特别法

以色列的地面部队大部分是预备役士兵,这是以色列独特的地方,只有在以色列,预备役是一个重要的军事力量。世界各国都有预备役,但是它们不像以色列。在以色列,我们通常说,预备役是一年"休11个月",服役一个月。"休假"时,士兵可能是医生、教师、校长,或者从事任何他想做的工作。在服役的这一个月里,他是一名战斗兵或其他兵种。国家必须补偿他们的工作。

空军和海军都是专业士兵,即使这样,他们在总部、战斗营,几乎所有部门,也大量使用预备役士兵。那些年来,预备役士兵遇到很多问题。如果是学生,你被召回部队,你就少了一年读书时间,那么你就需要延长一年才能完成学业。有人必须补偿你的行为,还有家庭,以及其他许多问题。因为问题太多,我们需要为预备役士兵准备一个特别法。有关于新兵的法,可是没有关于预备役士兵的法。还是那样,人们常常

第五章 从政之路
Politics

这名军校优秀毕业生即将被内政部长遣返回乌克兰,因为她不是犹太人,马腾帮她留下来,现在她是铁穹拦截营的一名军官

会谈论这个问题,可是没有人真的去着手解决。

为了解决这个问题,我开始学习法律,认真研究必须怎么做,然后我改变了这个情况。现在我们对于预备役有一个特别法,根据这个法,预备役士兵服役期间,可以享受到以前三倍的工资。我认为国家必须补偿那些尽最大能力保卫自己国家的人。

为了支持预备役士兵,我尽我的最大努力,通过了这项特别法。我指挥过两个预备旅,很了解那些预备役士兵,他们都很优秀,很尽力。每一项法律的通过都需要经过几十次开会讨论,委员会内部讨论,支委讨论,还要争取部长们的支持,说服他们每一个人都不容易。要通过一项法律,政治问题总是一个障碍。经常会听到有人说:"这项法律是对的,但是我们不是一个政党的,所以我不能支持你。"或者说:"我支持你,但是你也得支持我。"我不喜欢这些交易,也不喜欢狭隘的党派偏见,不过我最终还是成功了。

143

以色列大使马腾将军谈话录
Conversation with General Matan Vilnai, Ambassador of Israel to China

担任国土安全部长期间与警察交谈

阿拉伯村庄骚乱
Riots in An Israeli Arab Minority

在解决以阿事务时，我向议会提交了一个计划，需要一大笔钱，几十亿以色列新谢克，来改善以色列阿拉伯人的生活状况，这一计划后来被称作"马腾支持阿拉伯人的计划"。该计划涵盖了以色列阿拉伯人的所有生活领域，包括教育、医疗、福利等。

2000年10月，我在澳大利亚悉尼出席奥运会。期间，总理给我打电话说："马腾，我们以色列阿拉伯人出问题了。他们跟警察发生冲突。我想让你回来处理此事。"我说："我马上回来。"于是我缩短了行程，准备飞回以色列。我正在准备上飞机的时候，总理又打来电话："现在好了，没事了。你可以不用回来了。你自己决定吧。"我告诉他："我在悉尼就知道事情没有解决，我现在正在飞回的路上。"

还有一个小时我的飞机就落地了，这时我听到广播里播出的新闻说，由我带一个委员会负责处理以色列阿拉伯人的事情。我落地后，直接到了总理办公室，见到了以色列的阿拉伯领袖。我们简短讨论之后，我就回家了，因为当时是赎罪日前夜，犹太人的斋日，这是我们的传统。我虽然不信教，从赎罪日战争起，我就开始把斋。

赎罪日这一天的早上，我接到一个朋友的电话，说以色列北部的阿拉伯人发生冲突，警察开枪了，他们现在局势非常紧张。我坐车直接去了事发的地点。在以色列，赎罪日是不能开车的，除了警车和救护车以外。但是我必须去处理这件事，所以我叫了一辆警车。

到了那儿后，我跟以色列北部加利利地区一个村庄的阿拉伯社区领袖们见面，他们告诉我，他们刚刚决定，从明天开始举行三天的抗议游行。抗议游行意味着阿拉伯年轻人和我们的警察会出现暴力和骚乱，也可能会有伤亡，伤亡者可能是犹太人，也可能是阿拉伯人，反正肯定会出事。我告诉他们："我请你们取消这次抗议游行，因为会出乱子，最好取消，恢复到以前的正常生活。"他们自己讨论一会儿，最后决定同

马腾与贝都因社区长者们在一起

意取消此次抗议示威。这非常重要，他们显示了自己是真正的领袖，因为街头的年轻人会跟警察发生冲突。

后来，我干脆把我的办公室挪到以色列北部，每天就在那里办公。我安排与阿拉伯社区的所有主事人物见面，跟他们讨论应该做什么。我看起来就像是政府在北部的一个代表，这一地区的人口主要是阿拉伯人。一连几个月，我都在那里办公，一直到这一地区真正平静下来。这里是以色列阿拉伯人最多的地方，通常局势很紧张。我们用了几个月的时间，采取了很多措施，才把问题解决了。

国防部副部长
Deputy Minister of Defense

2000年，总理宣布要有一个新的大选。沙龙成为新总理。我又在他的政府作部长。没过多久，他就生病了，由埃胡德·奥尔默特接任总理。2006年夏天爆发了第二次黎巴嫩战争。

这期间，我担任国防部副部长，负责下一次战争来临之前境内居民的准备工作。2006年黎巴嫩战争给我们的一个深刻教训，就是没有把以色列境内居民保护好。我们的敌人设法将导弹从黎巴嫩射到了以色列境内较深远的地区。他们击中了我们北部所有的大小城镇，而我们的百姓没有任何防护准备，因为谁都没有想到，敌人的导弹会射到这么远的地区。敌人意识到他们打不过前线的以色列军队，所以对他们来说，最好的方式就是向以色列居民区发射导弹。

现在的技术越来越先进，敌人用导弹和火箭炮可以远距离击中以色列的大部分地区。我们周边的所有阿拉伯国家的军事技术都大大提高了，他们都有能力将导弹发射到以色列最内陆的地区，也就是特拉维夫地区。以前的黎巴嫩战争，还有加沙地带的冲突中，他们开始向以色列内陆发射导弹。那是他们第一次击中特拉维夫地区。大家可能还都记得，特拉维夫第一次被导弹击中，是在1991年冬的第一次海湾战争，那是来自伊拉克的导弹。2006年黎巴嫩战争，他们击中的不是特拉维夫地区，而是以色列境内，离边境五六十公里远，差不多是以色列三分之一的国土面积，因为以色列是一个小国，国土面积不大，这样的导弹袭击使我们20%的人口受到严重威胁。五六十公里对以色列来说就是很远的距离，因为以色列南北长度也就不到400公里。2006年黎巴嫩战争中，敌人已经击中了我们，他们成功了。我们十几万的居民不得不长时间待在避难屋内，这对他们来说非常不习惯，生活受到很大影响。所以我们必须建立一个体制和机制，以有效地保护我们全国的百姓。我当国防部副部长时，这就是我的一项重要的任务。

应对发射到以色列的导弹，必须处理好几个关键问题。第一步，我们必须准确探测到敌人导弹的发射地点，以便击中它们。他们的发射基地有远有近，远的可能离以色列有几千公里，近的也可能就在边境线上。第二步，空中拦截导弹。尽管当时世界上还没有这样的拦截系统，

以色列开发导弹拦截系统机构赠送马腾的图片，这是首次铁穹拦截导弹。文字：纪念首次拦截成功，感谢您的合作与支持！

我们还是发明了它。在"附录1 加沙"里,我对此谈得比较多。我们那时候还没有覆盖整个以色列、能拦截每一枚导弹的系统,但是现在我们有了。第三步,就是我的工作,让居民做好防备。

制定指导思想
Build up Doctrines

我们首先要弄清,我们的指导思想是什么。在军队里,有空军的指导方针,地面部队的指导方针,装甲部队的指导方针。可以说,每个部门都有自己的指导方针,而我们的国土安全却没有指导思想。国土安全由两个英文单词构成:"家园"和"前线",而这两个词的意思是相对的,既然是家园,就不可能是前线;既然是前线,就不可能把它作为家园。在我看来,把这两个词放在一起,意思就是家园已经成了前线。所以我经常对我的工作人员说,每个年满18岁的公民要去以色列国防军中服兵役,每个没有在前线服兵役的妇女都成为前线的战士,就连每个三个月大的婴儿也成了前线的战士,这都是因为他们的家园已经变成了前线。

回想起1948年,那时我才四岁,在耶路撒冷生活时,我们被阿拉伯联军所围困,都是住在避难屋里。这么多年来,我们经历了许多次战争,到了2006年,以色列已经比以前强大多了,以色列人开始理解他们为什么要住在避难屋里。我们从这次战争中学习到的教训就是,我们必须让整个国家都做好防备,而不仅仅是那些住得离前线近的居民。

以色列公众和媒体都在积极讨论这件事。最后我们定下来该怎么去做。人们说,战争期间我们都是听从军队的指挥和安排。我们的特别法有规定,出现危机和紧急情况,人们应该怎么做。一般是,一旦出现紧急情况,每个人都要听从国防军的指挥。1949年以色列刚建国不久,有一次非常严重的紧急事件,每个城镇、市区、地区的第一把手在紧急情况下成为他们当地的总指挥,但是这样的安排从没有测试过是否行得通。主要问题是,人们的日常生活还要继续,教育、经济生活等等,这一切都要在战火下或紧急情况下继续进行,不能因此而停滞。

第五章 从政之路
Politics

马腾考察以色列的一个城市

我们把编写好的指导思想提交给了政府和议会，并跟每位部长进行了长时间的讨论。完成所有这些步骤都需要时间和耐心，去一一解释，告诉他们，我们可以做什么，不可以做什么。我们最后决定以色列全国所有的城市，不仅仅是边境线上的城市，每个城市都由三部分组成防护体系：当地市民选出来的市长，不必要有军事经验，第二是他身边的一个军事小组来协助他工作，第三是当地警察。这三部分携手工作，战时指导人们。他们协调其它部门的工作，如医疗和消防。我们为每一个市区，总共有200多个市区，建立军事指挥部，通讯技术设备齐全。现在战火发生时，有很好的技术可以控制整座城市。我们培训他们，训练他们。这是一项非常庞大的工程，花费了好长时间。

以色列大使马腾将军谈话录
Conversation with General Matan Vilnai, Ambassador of Israel to China

全国范围内的演习
National Drill

训练完毕之后,我决定我们每年全国必须有一次演习。关于全国范围内的演习,政府对此有争论。有些部长说我制造恐慌,我解释说我们要看清现实。我们的敌人都有能力向以色列的中心特拉维夫地区发射导弹了。大家听了,觉得我小题大做,都认为特拉维夫是安全的,什么事都不会发生。我告诉他们是时间早晚的问题,导弹会落入特拉维夫地区。实际情况是,两年前的加沙军事行动中,就有炮弹落入特拉维夫,正像我所说的那样。人们现在都做好了防备,因为我们对他们进行了训练,建立了整个防护体系。

铸铅行动结束之后,在行动指挥总部,马腾左边是行动总指挥官。右下角文字:铸铅行动纪念

阿什杜德市
Ashdod

我记得当国防部副部长期间,一次去参观位于加沙和特拉维夫之间的阿什杜德市。市长陪同我参观完之后,我要决定应该做什么。这时有媒体过来,当地电视台的一位女士,她问了我几个

问题，然后对我说：你今天来，对阿什杜德市来说真是黑暗的一天。我对她说：女士，如果你不听我的，那将会是黑暗的一天。如果你还不明白，那将是非常黑暗的一天。早晚炮弹会发射到这里。她说：不可能，不会发生的。三个月后，就在我们说话的那个地方方圆200米，一个以色列人被来自加沙的炮弹击中身亡。我不是预言家，我只是知道敌人的能力和他们的意图，这就够了。如果你知道这点，你也会明白的。

在阿什杜德市参加独立日纪念仪式，右边是市长

国土安全部部长
Minister of Home Front Defense

几年来，我向几任总理提交报告，他们每一位都对我的工作非常支持。过了一段时间，我成为了部长，因为他们看到这是一项巨大的工程，需要更多的责任和义务。为了让以色列全国的百姓都免于受到导弹和火箭弹的袭击，必须让他们做好防护准备，总理对我的工作尽可能多地给予支持。这就是我担任国防部副部长和接下来的国土安全部部长的主要任务。这个任务很独特，有很

多拨款,我总是感觉我们要赶时间,必须尽早完成这项工作,因为袭击随时可能发生,人们随时需要做好准备。我在来中国任驻华大使之前,一直在国内忙这个工作。

我们必须考虑到战火下的所有方面,包括怎么去鼓舞人们的士气和精神。现在以色列每年有一次全国演习。设想一下,一大早就有警报在响,全国各地上学的孩子们,在家或在单位的人们,他们必须马上对警报做出反应。我们有人会疏散他们,告诉他们发生什么了,应该怎么做,包括所有的工作部门,学校和医院,还有战争时的储备,必须保证导弹发射时,我们有足够的食粮来维持生命。

现在我们有一万张医疗床可供避难屋使用。我开始启动这项项目时,我们只有几百张床。现在大多数的以色列医院,主要是国内中心地区的医院,他们都有能力在很短时间内将整个地下停车系统变成地下医院。

国土安全部还有几个项目必须做完。我担任部长时间太长了,到

马腾作为国土安全部部长指挥全国演习

铸铅行动期间与国防部长巴拉克（中）参观阿什杜德市，左为市长

现在我还有没有完成的工作，就是描述紧急情况下我们如何运作的特别法，因为现在的情形与以前完全不同了。这个特别法我们准备了几个草案，要在以色列通过一项法律需要走很长的路，而我们的这个特别法是一项内容繁多又非常重要的法律文件，是必须完成的一项任务。我们已经完成了许多任务，我也很满意。2006年黎巴嫩战争以后国土安全部的工作完全不同，人们现在能感觉到我们有一个体系，他们能感觉到有人在负责此事，他们也知道应该怎么去做。

现在我看国内电视时，看到某个市长说：现在我要跑到我的指挥部去。指挥部在哪儿？有人建了指挥部！有人定了这一切怎么运作！还有，指挥部应该是什么样的！所有这一切！我对自己说：是我开始做这些工作的，我们为全国做好了防护。现在人们明白威胁真的存在，明白的那一刹那，就有解决方案，然后就行动。最重要的是他们能明白。我们让以色列全国现在有防护，免于火箭弹和导弹的袭击。如果发生什么事，我们已经做好防备。我投入了大量的精力和资金来做这项工作，对以色列人来说非常重要。我是开启者！

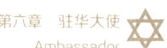

第六章　驻华大使（2012-2016）
Ambassador

《时尚先生》杂志为马腾和夫人拍摄的照片

被任命为驻华大使
Appointed as Ambassador to China

我在担任国土安全部部长期间，有一次政府派我去日本学习福岛灾后重建工作，我的助理问我打算在哪个城市转机，北京、新加坡，还是曼谷？我对他说：新加坡和曼谷我已经去过很多次了，可是北京我还没去过，我想在北京转机。在北京机场转机时，我可以逗留3个小时，以色列驻中国大使安泰毅和武馆施大卫到机场来见我。谈话中，他们郑重地对我说：你必须来中国，这里有很多东西可以看看，可以向中国的同行们学习，他们知道怎么让老百姓做好防备，这对你来说非常重要。

没想到，不久之后，我就到中国来了，来做大使，不再是部长了。

我在国内是部长。每个星期日早上10点，我们都会召开政府例会。所有的部长在总理主持下汇报各自的工作。10点以前，部长们都会跟他们的助理坐在大厅里等候例会。2012年2月的一天，外交部长把我拉到一边，说："马腾，我想让你去中国当大使。"记得在两个星期以前，我们的一位部长对中国进行了一次重要的访问，他在政府例会上说，中国这个国家对以色列来说非常重要，我们需要派一个不同一般的人去中国做大使，我们必须有一个特别的大使。我听到了他讲的这番话，不过那会儿我在忙自己手头准备汇报的工作，根本没去多想。过后，内塔尼亚胡总理对我说："马腾，你记得那天部长说的话吗？我想让你去中国当大使。"我马上问他："我去中国做什么？我对中国一点也不了解。"总理说："我知道你，你会学的。考虑几天，给我一个答复，我需要开始操作这事。"

我开始跟几个以色列的中国专家了解中国情况。三天之后，我告诉总理：好吧，我答应担任驻华大使。我打算夏天过去，不能早于那个时间。那是2012年的2月份，当时以色列驻华大使是安泰毅。我想完成我当部长的工作之后再去中国，而且我也需要时间学习和了解中国。安泰毅大使回国时，我见到他，我们在议会旁边的一个餐馆见了面。我开始研究中国，到4月底，我已经读完了能找到的几十本关于中国的书，有

第六章 驻华大使
Ambassador

马腾大使夫妇

希伯来文的,也有英文的。

总理提议之后,政府必须批准对我的任命。过了几个星期,政府开会讨论我的工作,所有的部长都认为我担任以色列驻华大使是一个非常合适的人选。

我开始为到中国工作做准备。首先,我必须完成国土安全部部长的工作,同时也要开始了解中国,所以我跟前任以色列驻中国大使们见面,跟时任中国驻以色列大使高燕平女士以及中国使馆的工作人员见面。我认识到中华文明跟犹太文明一样古老悠久。我读了几十本关于中

在以色列骑车

国的书，走访了以色列大学里所有教授中国问题的学院和机构，见到了在以色列大学求学的中国学子们，他们大部分是女生。还见到了在海法、耶路撒冷和特拉维夫教授中国问题的教授们，我从他们那里学到了许多关于中国的知识。可是这些还远远不够。现在我在中国已经工作4年了，每个星期我都感觉到自己知道的越来越不够，需要学习的越来越多，即使我人在中国，也是这样的感觉。

我要飞往中国的那一个星期，才结束我作为部长的工作。总理给我打电话，说根据规定，我只能在中国工作两年。我马上对他说：两年什么也干不了，我还是不去了。要去至少三年。他又把这一任期时间改动提交政府讨论，因为要改变我们的规定，还需要一次特殊的投票。尽管我是政府内阁成员，可是我得离开房间，以便他们投票。还有两天我就要飞到中国去了，内阁会议是星期日，我星期二要离开。这是我最后一次参加政府会议。他们每个人投票是否赞成我在中国工作三年以上。投票的结果是同意了我的请求。

两天以后,我和我夫人安娜飞往香港,在香港停留两日,为了跟时任大使安泰毅交接工作。星期五早上,我们到达北京。这是我第一次走出北京首都国际机场,使馆公使白文娜和行政白一笛前来迎接我们。一踏上中国的土地,我的身份就是以色列大使,我没有时间调整自己,马上就要开展工作了。

北京的生活
Life in Beijing

我对北京的第一印象是恐惧。北京这么大,这么多人!特拉维夫也是一个国际大都市,可是也没法跟北京比。在北京没待几天,我们就爱上了这个城市。尽管一开始我很担心,我对自己说:我可不会在这里开车,也不会在这里骑车。然而,一个星期以后,我就开始自己开车。两个星期以后,我又开始骑自行车。我第一次骑自行车是跟使馆的武官施大卫一起,为了转转北京,我们从使馆骑到了天安门。

我喜欢骑车游北京,我也是通过自行车熟悉北京的,而不是通过开车。骑车我可以骑到每个角落,感觉是在真实的中国,周围都是中国人,景观也是中式的,每个人的言谈举止都是道道地地的中国人。我很享受在北京骑车出行。当地人总在热情地帮我,我在迷路时,他们会不厌其烦地告诉我该怎么走。以前我从没想过我会在一个陌生城市里感觉这么好。我在波士顿住了一年,在华盛顿住了四个月,我从没有过这样的感觉。北京的生活很美好,与那些地方完全不同。

一开始骑车过马路我还很不适应。我不住地对自己说:不行,我过不去,这么宽的路,有这么多行人!可是我们过去了,因为中国的行人已经习惯了周边有来来往往的自行车了。这里的人很好,他们会给我们让出道来,让我们过去,所以,一分钟后,我们就在马路对面了。这时我意识到,北京就是不同。这里成为中国的首都不是没有原因的。我从

马腾大使与武官施大卫骑车到北京后海

中国人和在中国工作的以色列人身上学到了很多。

我在北京与中国客人的见面都很美好,虽然我有语言障碍。要真正了解北京必须会中文,可是中文跟希伯来文一样难。我知道我应该学习中文,会说中文,当然不一定要到用中文讲话那个水平,只要会简单交流和买东西就可以了。可是,如果我花时间学习中文,我就做不了大使了,因为我必须把很多时间花在学习上。所以,如果我要做一个好大使,我就没有时间学习中文了。我决定还是好好做一个不懂中文的大使吧。有语言障碍工作起来的确不方便,因为我总是需要通过翻译跟中国人交流,就好像做事要通过代理一样。

让我感到很骄傲的是,我夫人的中文说得不错,她学了有三年了。她每星期上三次课,每次两个小时。我们有中国客人时,她就跟他们说中文。不久前在一个展览的开幕式上,她用中文讲了5分钟的话。她说得太棒了!中国来宾们都说她说得非常好。看她说中文太有意思了,我喜欢看她跟别人说中文。

虽然我不会说中文，可是我有一个非常好的中国名字：马腾。我对我的中国名字很骄傲，因为我知道中国历史上汉代有一个大将军也叫马腾，我也是将军，不过是来自以色列的将军。我的中文名字是使馆的一名高级中秘给我起的，她向我解释了"马腾"的意思。我很高兴被中国人叫作马腾。我的名字希伯来语意思是"礼物"，圣经的礼物。中国还有一个非常有名的企业家叫马化腾，是腾讯的创建者。我的一位同事告诉我，她在微博上提到我的名字马腾时，有中国网民评论说：我以为是马化腾呢！

在北京居住非常有安全感，我出门可以不用带保镖。有一次我们从外边开会回来，在回使馆的路上，我的一位女同事要下车，赶去参加另一个会议。我有点替她担心，就问她："你去哪儿？现在已经是晚上了。"她回答我说："大使，这里是北京，这里很安全。"要知道，这

马腾大使和夫人在中国

以色列大使马腾将军谈话录
Conversation with General Matan Vilnai, Ambassador of Israel to China

一名少尉在优秀学员总统颁奖仪式上与马腾握手，1994年

第二次握手，1994年的那名握手的少尉2016年在北京使馆独立日招待会上

位女同事刚来北京6个月。她下了车匆匆去赶会议,晚上又自己一个人回来了,平安无事!这就是我们对北京的印象。

在北京的生活很有意思,每天都能学到新东西。生活中也有很多有趣的事情。当然我们还有很多工作要做。从我当大使以后,我们使馆的外交官数量已经增加了近一半。但是有比工作有趣的事情。住在一个中国城市的感觉很奇妙,尽管我知道,北京不是一个典型的中国城市,而是一个国际化的大都市,因为我们的邻居们都是外国人和使馆的外交官,这一点和一些边远的中国城市不一样。

北京对我们来说很独特。在北京住了四年了,这里就像是我们的第二故乡。我们的家乡在以色列,我们在那儿有一个很漂亮的家园,我们当然跟那边的联系更多。但是北京已经成为了我们的家。虽然是第二故乡,但是在这里我们有一种家的感觉。我和夫人都有这种强烈的感觉。

北京八大处

以色列大使马腾将军谈话录
Conversation with General Matan Vilnai, Ambassador of Israel to China

使馆的工作
Work in the Embassy

跟使馆的员工见面，让我想起我在军队的日子。以色列人都很年轻，工作很认真，很聪明，知道该做什么，有非常强的加深以中两国关系的使命感。中国员工非常具有奉献精神，他们对中国的了解比我们多，有时候他们对以色列的了解也比我们多。大部分人在使馆已经工作了十几年，因为我们像一个大家庭一样，每个人都是这个家庭的一员。我们还有几个中国员工从两国建交开始就在以色列使馆工作，现在已经24年多了。可惜的是，他们有的人到了退休年龄，不能再在使馆继续工作了。我感谢他们这么多年来为我们使馆所做的工作，感谢他们为以中两国关系作出的贡献。我从政那段时间，从来没有这样的员工。使馆的工作人员都非常优秀，我一接触到他们，就有这么美好的感觉。

工作了一段时间之后，我感觉我们应该重新审视我们在中国的使命。所以我请使馆的公使白文娜女士起草了一份工作报告，包括使馆的任务以及必须要做的事情。我们就此报告在使馆外交官之间讨论了很长时间，然后我上报给了以色列外交部长，请求跟他讨论我们的计划。四个月后，我回到以色列，跟总理讨论我们在北京的工作，看看为了推进两国的关系还有什么工作必须完成。

我来北京之后，改变了使馆的工作方式。以前使馆的工作是被动

马腾将军办公室书架上摆放的父亲的著作，只是很小一部分

马腾和夫人与使馆中国员工过春节

的,等着别人来问,我们再提供服务。我完全改变了这种做法,我们积极主动提出合作建议,把以色列的企业、大学、专家介绍到中国来,为企业营造合作氛围,为他们提供平台,为他们打开大门,扫清合作过程中的障碍。当然,我们会让企业自己决定怎么合作,合作什么。

独立日68周年使馆全体员工合影

使馆中国员工为大使过生日

访问地方省市
Visiting Provinces

要了解中国，必须到地方省市去看看。待在首都会见国家政府官员是远远不够的。每隔一个星期我就去一个省市访问，到目前为止，除了贵州和江西，我已经差不多走遍中国了。4年来，我出访有100多次，包括去蒙古的旅行，因为我同时也兼任以色列驻蒙古国大使。我还需要去青海做一个官方访问，虽然我去过那里，可那是私人旅行。我需要跟他们的书记、省长和副省长见面。有的地方我去过6-8次了，比如上海、山东、黑龙江，我们在这些地方有重要的合作项目。到了地方，我一般与书记、省长和副省长见面，讨论他们地方能够跟以色列合作的机会。我必须承认，每个地方的领导都

很开明,他们不仅仅想跟以色列在农业和水处理领域进行合作,他们还想把合作范围扩大到更多的领域。

我们与地方省市的一个重要合作方式是签署研发协议。我们与江苏已经续签多次了,几乎他们的每一任省长都去以色列访问过。我们跟上海和深圳都有研发协议。另外就是跟中国科技部签有合作协议。这些都是我来北京工作前我们已经有的合作协议,是自我们两国建交二十几年以来所签署的所有研发合作协议。在我工作的这四年,我们让这一数字翻了一倍,现在我们有研发协议的省份还包括山东、广东、浙江以及香港特别行政区。

我在中国工作了一段时间,意识到加强我们两国关系必须从两个层着手。一个层面是政府间的合作与交流。我是以色列国政府驻北京的代表,在北京跟中国政府官员开会,这很重要。可是更重要的是第二个层面,那就是民间的交流。通过这样的交流,以色列人可以了解中国,中国人可以了解以色列,还有更多的互访。在这一层面,我们要做的一个工作就是推动旅游,让以色列人来中国旅游,中国人去以色列旅游。交换学生也是这个层面的工作。两国的学生可以去对方国家学习,这也是很重要的工作。

访问北车,2015年

以色列大使马腾将军谈话录
Conversation with General Matan Vilnai, Ambassador of Israel to China

参观中国农业大学的葡萄酒研究基地,并在一个木桶上留言

中国学生和中国青年
Chinese students and Young People

我去中国的每个省市访问时,都会去当地的大学跟学生见面,向他们介绍以色列的创新精神。这是中国人非常感兴趣的话题。我在中国访问的时候,每个行程都安排跟中国学生见面。中国学生都很优秀,他们非常自豪自己是中国人,都愿意了解为把中国推向世界,他们可以做什么样的努力。这点我在每个院校每个学生身上都能看到。我向他们介绍以色列,回答他们的问题。他们一般会问:以色列这么小的国家为什么会有那么多诺贝尔奖获得者?还有,在世界各地的创新为什么那么多?我会告诉他们,根据他们现在的言谈举止,他们未来一定会实现创新,以及做出跟创新相关的工作成绩。

过去四年,我给数千名中国学生办过几十次讲座,从中国最南端的海口市,到北端的哈尔滨市,几乎走遍了中国。这些年轻的学子是中国的未来。我从他们身上学到了许多,他们的言谈举止,他们的精神面貌,还有他们提的各种各样的问题。

马腾大使与北京学希伯来语专业的学生在一起

跟中国的年轻人打交道非常有意思。我在黑龙江,离以色列很遥远的地方,世界的另一头,学生问了许多有关以色列的问题,我不禁问我自己:这些他们究竟是怎么知道的?他们知道很多关于以色列的东西,因为他们对犹太民族和以色列都非常好奇。我们两个古老的文明相互具有神秘感。在以色列,我们对中国人的看法也一样,感觉非常神秘。

我刚来北京的时候,不知道每年11月在北京有一个国际留学博览会。我们使馆以前从没有参加过。现在我们把以色列的大学带过来,参加这个留学博览会。我最初问使馆工作人员:有多少中国学生在以色列留学?没有人知道,后来了解了一下告诉我,有几十个。我问为什么不是1000个?他们说,这不是我们的工作,是大学自己的工作。

我就任大使后第一次回以色列,就跟以色列高教委员会开会,以色列每个大学的校长都是这个委员会的成员。我告诉他们中国学生来以色列留学多么重要,他们需要改变招生策略,为中国学生开设英文课程,第二学位课程。在我的推进下,现在每个以色列大学都为中国学生设立了奖学金,还有专职教师跟中国学生对接。我把所有大学的校长都请

以色列大使马腾将军谈话录
Conversation with General Matan Vilnai, Ambassador of Israel to China

马腾大使接受中青报采访

特拉维夫大学与清华大学建立交叉学科中心，图片来自网络

到中国来访问，访问之后，他们在中国都有一些自己的合作项目。比如，以色列理工学院在汕头大学建立了一个校址，特拉维夫大学跟清华大学创建了XIN中心和交叉学科中心，巴伊兰大学与中国青年政治学院签署了合作协议。

我在北京参观过一个小公司，这是一次令人难忘的经历。这个公司大概有40名中国男女员工，做的是手机业务。我在那里看到了他们的精神，看到了他们的创新。他们的总经理大概只有27岁，他告诉我，一年前他们公司在一个很小的房间里，只有4名员工。现在他们有40多名员工了，办公场所也搬到了一座大楼的一层，面积很大。我跟他们的员工聊天，听他们说话，谈他们工作的动力，非常有意思。

马腾大使在河北地质大学演讲
（摄影：耿凯）

这样的精神我在几个公司都能看到，这点非常重要。这样的例子也是中以关系发展中的一部分，是中国政府对创新的投资。我经常对以色列人讲：这是机遇。很快中国人就会赶上我们，这样的机遇就不会存在了。为了能够维持我们作为榜样的能力，我们必须更加努力地工作。

恩德培救援行动40周年纪念活动中接受中国客人赠送的书法作品

以色列大使马腾将军谈话录
Conversation with General Matan Vilnai, Ambassador of Israel to China

| 荣誉教授 |
| Honorary Professorship |

在任期间，我获得了山东大学的荣誉教授。山东是我到中国以后最先访问的几个省市中的一个。我到山东以后，去山东大学给学生办讲座。山东大学有一个犹太研究中心，主任是傅教授。我跟这里的教授、老师、博士生们见面，非常有意思。几个月以后，他们告诉我，他们想聘任我为山东大学的顾问教授。我父亲是教授。我哥哥也是教授，他退休前在以色列理工学院教书，退休以后在以色列南部的贝尔谢巴成立了一个新学校，就像一个小型的以色列理工学院。我过去都是跟教授生活在一起，所以现在我也必须成为教授，对此我很自豪。

被聘为山东大学顾问教授

希伯来大学访问山东大学

| 推进旅游业 |
| Tourism |

除了以中两国大学的交流合作之外，我的另一个主要工作是推进旅游业的发展。我刚来中国的时候，去以色列旅游的中国游客每年大概有15000个，这个数字太小了。中国不仅是世界上第

2016年4月28日，以色列交通部长卡茨（左二）、以色列旅游部长莱文（右二）在机舱口迎接乘坐首航航班抵达本—古里安机场的以色列驻华大使马腾（左一）和海南航空总裁谢皓明（右一）。　新华网记者杨志望摄

一人口大国，也是出境旅游第一大国。我跟以色列旅游部长开会，让他们好好推动一下这个工作，可是过了很长时间，他们对我说：这个工作不重要，我们不做中国市场，我们有其他重要工作要做。我告诉他们：你们错了。以色列的问题是我们习惯看西方，看欧洲，看北美，不看东方，因为东边是与我们敌对的国家，比如叙利亚、伊朗、伊拉克等阿拉伯国家。要改变他们的习惯不容易。

旅游部换了新部长和新主管时，我叫他们来中国访问。他们到了这里，明白了中国的市场潜力有多大，然后开始支持我的工作。从那时候到现在，中国去以色列的游客人数已经翻了一番。我已经把推动以色列旅游业变成了政府的决策，所以现在旅游部必须按照政府的规定来做。这是我扫清影响旅游业的第一个障碍：理解中国游客前去以色列旅游的重要性。我们现在的计划是明年中国游客达到10万。相信在很短的时间，这一数字还会翻一倍，达到20万。民间的交流非常重要。每个到过以色列的中国人都会对以色列留下美好的印象，所以推动旅游业的发展特别重要。未来的几年里，中国的游客或许能够拯救以色列的旅游业。

为了推进旅游业，必须改变我们的签证制度。这是影响旅游业的第

二个障碍。现在我们马上就要完成签证制度的改进工作。我改变的不是北京使馆的制度,而是在耶路撒冷的以色列内政部的签证制度。对个人和旅游团队,申请签证只需五个工作日。我刚到这里时,签证受理是两个星期。这是一个不小的变化。另外,公务护照和外交护照已经免签。我们现在也准备两国互签10年多次往返签证,已经决定2016年11月11日起签发10年签证。这个改变将会极大地推动我们的旅游业,大大增加中国游客到以色列旅游的数量。而且以色列是第三个与中国有10年往返签证国家,其他两个都是西方大国,美国和加拿大。

海南航空公司
Hainan Airlines

第三个影响旅游业的障碍是直航。以色列航空公司目前一个星期有三班飞机从北京飞往特拉维夫,可是这远远不够。我们一直在寻找一家中国航空公司开辟北京直飞特拉维夫的航线。我到处了解,获悉海南航空公司有意开辟世界各地的新航线。我跟海航见面,请他们开辟北京到特拉维夫的直飞。经过漫长的讨论,2016年4月29日,海南航空公司终于开通了北京直飞特拉维夫的航线,首飞上座率就达到85%。现在我们每天有航班从北京到特拉维夫,以色列航

海南航空公司开通北京直达特拉维夫航班,马腾大使在开通仪式上讲话

空公司有三班,海航有三班,一周每天都有航班,除了星期六,因为星期六是犹太人的安息日,车船、飞机都停止运行。海航也在以色列开设了他们的办公室。接下来我们希望有从上海飞往特拉维夫的航班。推动以色列人来中国旅游,这个没有问题,因为从一开始,就有大量的以色列游客来中国。前往以色列的中国游客数量的增加会大大增强两国关系的发展。如果没有我们使馆的提议,也许我们至今还不会有中国航班直飞以色列。

参加以色列独立日招待会的八一中学合唱团的孩子们

公共外交
Public Diplomacy

我们使馆的公共外交工作做得非常出色。我们从2011年8月开通使馆官方微博,现在关注我们的粉丝近2百万。我想,以色列驻其他国家使馆的粉丝总量加起来都不会超过我们。我们使馆还开通了微信,这个平台也有我们的粉丝。在北京的公共外交真的很独特,以色列其他驻外使馆是无法相比的。我们对自己的工作也很满意。

佩雷斯总统访华，接受新浪访谈节目采访，总统右侧为中国驻以色列大使高燕平女士

在庆祝以色列独立68周年招待会上讲话

我们去年请一家国际调研公司在中国为我们使馆做了一次普查，被访问的对象有几千名，他们来自中国各地，有着不同的工作岗位，大多数受过高等教育，收入中上层，有对以色列一无所知的，也有对以色列有些了解的。调查结果显示，大多数中国人对以色列了解不多，所以我们需要调整我们的工作，以便让更多的中国人能够了解以色列。对以色列有所了解的人认为中以关系非常好，以色列是一个发达国家，主要是在经济、科技、农业方面。

总理访华
Visit of the Prime Minister and Establishing of A task Force

2013年5月，内塔尼亚胡总理来华访问。此时我刚上任8个月，总理这次访问对我们来说非常重要。我们准备得非常充分，决定了会谈的主要话题，包括他与习近平主席和李克强总理的会谈。两国总理的会谈从规定的40分钟，延长到了80分钟，谈论的话题都围绕着两国关系的发展。两国总理会谈的成果之一是建立了一个我们合作的重要平台：中以经济合作执行委员会，中方是国家发改委，以方是总理办公室，由国家经济委员会主席尤金·坎德尔教授负责。我们开始组建这个委员会，根据两国需要开展工作，委员会下边设有数个工作小组。现在在这一重要平台，我们正在开展的有几个项目：

1. 水城

我们总理提议的一个项目是把以色列的水处理技术引进到中国来，中方负责选择一个城市，我们负责把我们有关水领域的所有能力带到这个城市。这将是中国治理用水的模板。前后经过两年的选择，因为中国很多城市都想成为这个示范城，中方最后选了山东的寿光，在潍坊

内坦尼亚胡总理来华访问，与大使及使馆工作人员合影

以色列滴灌技术发明者耐特菲姆与宁夏的农业合作

附近。寿光的人口有2千万,几乎是我们以色列的三倍。寿光我去过几次,是一个很漂亮的城市。我们开始与中方开会讨论,目前我们已经深入讨论了几次,项目正在进展中,这个城市我们叫它"水城"。我们的计划是在这里开展12个项目,目前先开始3个项目。今年11月,一家以色列公司要到寿光开始他们之间的合作。

2. 奶牛场

我们计划在中国建一个奶牛示范农场。中方选择了大庆作为合作示范点。黑龙江有几百万头奶牛。我们要把以色列的技术带过来,把大庆

在奶牛场参观考察

在黑龙江奶牛场参观

建成中国的一个奶牛示范城。我去大庆访问的时候,提出要见这些奶牛场的工作人员,听听他们有什么想法。我也去看奶牛,听听它们有什么想法。这都是源于我父亲从小对我的教育。他对我说:不要相信别人告诉你的,你要亲自去看。

3. 橄榄油

我们两国现在橄榄树和橄榄油方面的合作还处于第一阶段,中方选择了四川的西昌。中国橄榄油协会请我们跟他们合作,他们以前有别的合作伙伴。今年11月我们签署合作备忘录,这对我们非常重要。几个星期前我去西昌访问时,我看到那里的滴灌技术都是以色列的,那些设备上到处都能看到以色列的标记。

4. 青年代表团

每一个从以色列回来的中国人,不管他去以色列的时间长短,他都能成为比我还合格的以色列大使。刚开始在北京工作时,我告诉我的

员工,我想每一个月有一个中国代表团去以色列访问,这样每年有12个中国代表团。可是现在每个星期都有12个代表团访问以色列。

要加强两国的关系,高层互访非常重要,包括国家主席或总统、政府官员、政党,以及议会间的来往。但是我认为更重要的是民间的交流,包括基层人员、学生交流、游客,以及特别代表团。

另一个重要的合作平台是中国国务委员刘延东女士提议的,为了提高中国的创新能力,把以色列的技术转让到中国来。因为对中国人来说,最重要的是掌握以色列的技术。刘延东过去两年两次访问以色列,我都陪同她访问。期间她向我们国家领导人解释中国的政策,特别是国家主席习近平新倡议的"一带一路"。

在庆祝以色列独立日68周年招待会上讲话

> **新领馆和更多外交官**
> New Consulate and More Diplomats

中以经济合作执行委员会的工作进行了两年，我们意识到我们已经做了很多工作，可是这些还不够。这个时候，我们位于中国西南的成都总领馆已经开馆了。也许外界不了解，其实我们政府因为预算问题，已经关闭了好几个驻外机构，唯一增加机构的是在中国，这一点非常重要。成都总领馆的开馆经过了很长时间的讨论和准备，在我的推动下，终于成功开馆了。现在我们在中国的使领馆有5家，北京大使馆、上海总领馆、广州总领馆、香港总领馆以及成都总领馆。这就是我们在中国的正确布局。

另外，为了开展中以经济合作执行委员会的工作和解决签证问题，我们北京大使馆也增加了好几个外交官，这些都是我们的重点工作。北京大使馆已经成为以色列驻外机构中最大的一家。这是我在北京工作的一点成绩，是总理访华的一个成果，也是我们两国关系发展中的一部分。

在欢送使馆离任外交官的仪式上

以色列大使马腾将军谈话录
Conversation with General Matan Vilnai, Ambassador of Israel to China

两国贸易关系
Trade relations

以色列与中国之间的合作主要在经济和技术方面。25年前,我们两国建立外交关系时,双边贸易额只有1亿美元。2016年我们已经达到110亿美元,这是一个极大的飞跃。很快,这个数字会变成220亿美元。为了实现这个目标,我们必须努力工作。以色列对中国的出口,2012年我到北京时,是27亿美元。2015年是33亿美元。虽然增长的数字不多,但是跟世界各地贸易都在下降的趋势比,只有中国的贸易在增加。另外,中国对以色列的投资都是大手笔,都是按十亿为单位进行的。实现两国贸易目标的一个工具就是中以两国的自贸区协议。我们正在努力中,这是一个漫长的过程。我们已经就此问题在以色列和中国分别开过多次会议。我希望下个月我们会迎来最后一个阶段,可以签署自贸区协议。

与以色列外交部亚洲区会代表们合影

我记得2012年我向胡锦涛主席递交国书时,我们有一个简短的会谈。胡主席对我说:我每天早上一起来,就需要考虑如何解决13亿人口的温饱问题。我对他所说的话印象很深。他作为这么一个大国的国家主

以色列农业部长（中）访华，与中国农业部长（右）举行会谈

席，最重要的事是解决吃饭问题。我对自己说：我们以色列有很好的科学技术和农业科技，这是众所周知的。我们必须把我们的技术尽可能多地引进到中国来。我们以色列有许多农产品，我们必须找到一个办法，能把新鲜的农产品运到中国来，而不仅仅是冷冻食品、合成食品，或罐头食品。

经过长时间的争论，再过两个星期，我们有一个农业代表团来中国商谈向中国出口农产品的事宜。这个代表团的团长是我的朋友，我们一起当过伞兵，又一起在议会做过议员，他人很不错。他们来中国访问是我请求他们来的。我相信很快以色列的新鲜农产品会进入中国市场，到中国各地。我说"很快"意思是需要另外两个4年。

我去过山东和天津的批发中心，特别大，非常干净，一切看起来都井井有条。我仔细查看了那里的水果，有来自洪都拉斯的香蕉、墨西哥的牛油果。我们也有牛油果，比他们的还好。我也看到西班牙的水果，他们比我们离中国还远。我希望我们能符合中以两国严格的规定，把以色列新鲜农产品出口到中国来。我认为这样的做法是正确的。以后，中

国国家主席会对自己说：中国市场上的部分食品来自以色列。

我们存在的一个问题是，我们的农民习惯把他们的产品出口到欧洲和俄罗斯，可是现在这些国家出现了经济危机。要改变农民的想法，让他们寻找新的市场，这个很难。中国对以色列来说是一个新市场。过两个星期，等我们的农业代表团到了，我会带他们去了解中国市场的潜力，还有中国的大型农产品批发市场。

我希望我们能很快通过两国政府的规定和要求，我们就可以开始向中国市场出口新鲜的农产品了。我相信，身为一个以色列人，都会认为，以色列的农产品和旅游业将会是以中两国关系中的重要内容。

以色列科技一直是我们合作中谈论的重点。农业和旅游这两个领域会是连接我们两国的重要纽带。我相信我们的农民会发现中国市场是他们农产品的最好市场，以色列会成为中国游客游览的最好国家。

以中农业科技大会在西安杨凌召开

加入亚投行和"一带一路"
AIIB and the Belt and Road

中国国家主席宣布复兴丝绸之路，设立亚洲基础建设投资银行。我起初认为亚投行只是一个亚洲地区银行。我在四川访问时，使馆一个外交官给我打电话："马腾，几分钟前英国宣布加入亚投行了。德国和法国也马上加

第六章 驻华大使 Ambassador

入。"我对自己说：哦，原来这个亚投行不只是亚洲的啊！很快就变成欧洲的了，也许很快就变成世界的了！不行，我们也必须加入进去。我直接给内塔尼亚胡总理打电话，可是那时他正在忙着大选后组建他的新内阁呢。最后我设法跟他通了几分钟话，我直截了当地告诉他，我们必须加入亚投行！他很为难，说我们没有时间让内阁讨论啊。我最终还是说服了他，也是因为我一再坚持，他批准我申请加入亚投行。没有谁会像我这样有机会直接跟总理通话。我们在最后关头加入了亚投行，也许离最后的截止期限只差20分钟。周围的人都说，以色列人真聪明，在最后一刻加入了亚投行。实际上他们并不知道背后到底发生了什么。

我相信，亚投行很快就会成为世界上一个最重要的金融机构。我们希望能参与其中的项目，不久我们就可以着手工作了。所有"一带一路"的项目都很重要，以色列应该参与其中。加入亚投行是其中一项工作。我希望很快能看到亚投行投资的项目可以在以色列开展起来，这也是新丝绸之路的一部分。

我对使馆的工作人员说，我们的使命就是为以中建立一座桥梁，横

出席以色列北京
2015创新论坛

跨亚洲,沿着"一带一路"和新的丝绸之路向前迈进。

我对过去四年所做的工作非常满意。

私人旅行
Private Trips

我和夫人尽量利用我们在中国生活的这段时间,尽可能多地游览中国。我们去过湖南的张家界,在那里住了几天,游览了喀斯特地貌,欣赏了张家界独特、迷人的风光,也感受到了人山人海的中国游客。这次经历给我们的印象很深。我们也带了一个儿子一起去过西安,中国历史最悠久的古都,非常有意思。我也跟一个朋友一起爬过泰山,从山脚一直爬到山顶,用了好几个小时。不太容易,不过我们还是爬上去了。

我还去过安徽的黄山。陪同我的人说,我可以坐缆车上去,或者沿着缆车走的路线爬上去。我到了山脚下,看到很多人在排队。我问他们在等

哈尔滨留影

第六章 驻华大使
Ambassador

北京八大处

什么,他们说等缆车。我问需要多长时间才能坐上缆车,他们说大概三个小时。那么爬上去需要几个小时?回答是大概三个小时。我决定自己爬。一路上,总有中国人帮我,给我水喝,他们不会说一句英语,就是想帮我。我们不能用语言来沟通,可是我们都是人类,这种感觉真美好!我特别喜欢在黄山的经历。爬到山顶后,我们想看日出,但是天边都被云遮住了。我们在中国旅游时,发生了很多这样的故事。

我和夫人,还有来自以色列的一对夫妇朋友,我们一起去云南旅游。我以前去过云南,是参加那边一个大型的展览。我们决定要自己去云南游玩。花了一个星期的时间,我们看了丽江、大理和香格里拉。这次旅行真是一个美好的记忆。我们从北京飞到丽江,然后一路向北,穿过长江第一湾,到了香格里拉。这里的自然风光太美了。我们回到大理,游览了这个城市,然后从这里回到北京。这次旅行我们欣赏到了美丽的大自然,看到

中国风——天门门前留个影

当地的少数民族，有些人是汉族。到这里旅行比我们在北京和上海这样的大城市有意思得多。

四年前我们到北京的时候，前两个星期我们就去了上海，去视察我们的上海总领馆。夫人对我说，上海真漂亮，有当年法租界的遗迹，为什么使馆不设在上海？我对她说：在中国历史上，上海从来都不是首都。南京过去是首都，杭州是南宋的首都，但是上海从来不是首都。在很多方面，上海是中国的经济之都。我们返回北京之后，很快，我们就喜欢上了北京。北京真是很独特，必须住在这里才能有这种感觉。

中国人跟犹太人，以及以色列人，有许多共同点。我们都拥有古老的文明，又建成现代化的国家。新中国是1949年10月1日成立的，以色列国是1948年5月15日成立的，我们几乎是在同一时间，经过了国内战争。中国是共产党和国民党之间的内战，国民党逃到台湾。以色列是经历了跟阿拉伯国家的战争，根据联合国1947年的方案，建立了新以色列国。我们两个国家的发展历程是如此相似。现在我们两国的关系蒸蒸日上，双赢的局面正在一步步打开。我很期待看到两国携手走向更美好的未来！

马腾将军简历

马腾 Matan Vilnai
以色列国驻华大使
1944年出生于耶路撒冷
已婚，育有三子

教育：

1998年：美国华盛顿约翰霍普金斯大学国际问题研究学院军事与大规模组织管理专业学者

1984年：波士顿哈佛大学国际事务中心学者

1978年：以色列国防大学

1977年：特拉维夫大学历史专业学士学位；荣誉毕业

1970年：以色列国防军指挥参谋学院；荣誉毕业

军衔： 少将

语言： 希伯来语，英语

曾任职：

15届议会　科学、文化和体育部长（1999–2003年）
　　　　　国防内阁成员（1999–2003年）
　　　　　以阿事务部长委员会主席（1999–2000年）
　　　　　仪式与象征部长委员会主席（1999–2000年）

16届议会　国防委员会委员、科学委员会委员、道德与福利委员会委员（2003–2006年）

17届议会　国防部副部长（2007–2009年）
　　　　　国防预算联合委员会委员

18届议会　国土安全部部长（2009–2012年）

以色列大使马腾将军谈话录
Conversation with General Matan Vilnai, Ambassador of Israel to China

2012年8月：以色列国驻华大使

曾任职职位及参与的公共活动：
埃及移民社团荣誉主席（2002年）
公立学校消除暴力公共委员会主席（1998-1999年）
青年运动主席—Hugei Syur（1998-1999年）
以色列第一国际银行(FIBI)控股公司董事（1998-1999年）
巴兰工程有限公司董事（1998-1999年）

服役期间：
国防军副总参谋长（1994-1997年）
以色列南方军区司令员，依据加沙-杰里科协议负责加沙地区军事再部署（1989-1994年）
少将，总参人事部部长（1985-1989年）
戈兰高地武装部部长，负责贝鲁特军事部署（1982-1984年）
准将，伞兵与步兵司令（1978-1981年）
曾任数个指挥部门部长，包括伞兵旅旅长、国防军中央军区参谋长以及国防军官学校校长。
曾参加多个特种部队军事行动和边界行动（1962-1978年），曾任恩德培救援行动副总指挥

后　记

　　我长期在以色列军队服役，带过兵，打过仗，出任过军区司令员、副总参谋长、国防部副部长等职。后在国会当议员，出任内阁部长。我一生忠诚于以色列的军队，忠诚于以色列的人民，为之奋斗，鞠躬尽瘁。

　　我出任以色列国驻中华人民共和国大使以后，谨遵我国政府、总统阁下、总理阁下的指示，恪尽职守，尽心尽力，全心全意推进以中两国人民的友好，推进以中两国的经贸往来、旅游发展、科技交流，推动"一带一路"决策的实施，做了卓有成效的工作，并取得了丰硕成果。

　　我在任期间，利用假日口述了《以色列大使马腾将军谈话录》，并由我的前任翻译吕新莉女士翻译成中文。按照以色列国内的有关规定，该著作由中国江苏凤凰出版传媒集团出版。此书的编著，吕新莉女士尽心尽职，在此向她表示诚挚的谢意！中国凤凰出版传媒集团的徐海先生精心组织本书的编辑出版；府建明老总、唐爱萍编审严谨细致，认真负责；加籍华人罗称庚先生和朱冬生社长为此书的组织、协调和联络，周到全面；大使馆的张培培秘书、张鑫翻译为此书的出版也做了许多工作，在此一并表示感谢！

　　仅以此书，献给以色列人民！献给我伟大的祖国！

以色列国驻中华人民共和国大使马腾
二〇一六年十二月一日

图书在版编目（CIP）数据

以色列大使马腾将军谈话录 / 吕新莉编著. -- 南京：江苏人民出版社，2017.10

ISBN 978-7-214-21372-3

Ⅰ.①以… Ⅱ.①吕… Ⅲ.①马腾 – 生平事迹 Ⅳ.①K833.827=5

中国版本图书馆CIP数据核字(2017)第249831号

书　　　名	以色列大使马腾将军谈话录
编　　　著	吕新莉
责 任 编 辑	唐爱萍　强　薇
装 帧 设 计	刘莘莘
出 版 发 行	江苏人民出版社
出版社地址	南京市湖南路1号A楼，邮编：210009
出版社网址	http://www.jspph.com
照　　　排	江苏凤凰制版有限公司
印　　　刷	江苏凤凰新华印务有限公司
开　　　本	787毫米×1092毫米　1/16
印　　　张	14.5　插页2
字　　　数	180千字
版　　　次	2017年10月第1版　2017年10月第1次印刷
标 准 书 号	ISBN 978-7-214-21372-3
定　　　价	38.00元

（江苏人民出版社图书凡印装错误可向承印厂调换）